Stefanie Schäfer

Kaufmann/Kauffrau für Spedition und Logistikdienstleistung

Kaufmännische Steuerung und Kontrolle

Prüfungstrainer Abschlussprüfung
Übungsaufgaben und erläuterte Lösungen

Bestell-Nr. 40241

u-form Verlag · Hermann Ullrich GmbH & Co. KG

Deine Meinung ist uns wichtig!

Du hast Fragen, Anregungen oder Kritik zu diesem Produkt?

Das u-form Team steht dir gerne Rede und Antwort.

Einfach eine kurze E-Mail an

feedback@u-form.de

Änderungen, Korrekturen und Zusatzinfos findest du übrigens unter diesem Link:

www.u-form.de/addons/40241-2023.zip

BITTE BEACHTEN:

Die **Lösungen** befinden sich im hinteren Teil dieses Prüfungstrainers.

1. Auflage 2023 · ISBN 978-3-95532-411-7

© u-form Verlag | Hermann Ullrich GmbH & Co. KG
Cronenberger Straße 58 | 42651 Solingen
Telefon: 0212 22207-0 | Telefax: 0212 22207-63
Internet: www.u-form.de | E-Mail: uform@u-form.de

Der Spediteur denkt, der Frachtführer lenkt – war dieser Spruch bis vor einigen Jahren noch aktuell, so hat ein Umdenken in der Logistik sowohl dem Spediteur als auch dem Frachtführer weitaus mehr und höhere Aufgaben auferlegt.

Outsourcing, Kontraktlogistik, Value-Added-Services – das sind nur einige der Begriffe, die Kaufleute für Spedition und Logistikdienstleistung kennen sollten und in den Abschlussprüfungen erwarten dürfen. Der stetige Wandel, sei es rechtlich oder wirtschaftlich bedingt, macht den Beruf so abwechslungsreich.

In einem Kaufmann bzw. einer Kauffrau für Spedition und Logistikdienstleistung schlagen zwei Herzen: das eines Architekten des Verkehrs und das eines Allround-Talents, das in Industrie und Handel für Optimierungen sorgt.

Umso deutlicher macht dies die Besonderheit des Berufs – ein erfolgreicher Abschluss beschert zwei Qualifikationen zugleich: Spediteur und Logistikdienstleister!

Dieser Prüfungstrainer soll Ihnen eine Unterstützung bei der Vorbereitung auf die schriftliche Abschlussprüfung im Prüfungsfach „Kaufmännische Steuerung und Kontrolle“ geben. Verarbeitet sind aktuelle Änderungen des EU-Mobilitätspakets, der erweiterten Maut in Deutschland, der ADSp 2017, der Logistik-AGB 2019 und der Incoterms 2020.

Testen Sie Ihr Wissen anhand von prüfungsnahen Aufgaben und kontrollieren Sie Ihre Antworten, Erläuterungen, Beschreibungen und Rechenwege mithilfe des Lösungsteils. Die Aufgaben und Lösungen sollen ein Best-of der prüfungsrelevanten Themen liefern und Ihnen helfen, am Tag der Abschlussprüfung mit einem sicheren Gefühl an die Aufgaben zu gehen.

Wir wünschen viel Erfolg beim Bearbeiten der Aufgaben und für Ihre anstehende Abschlussprüfung.

Aber noch viel wichtiger: haben Sie viel Spaß, bei Ihrem zukünftigen Beruf Güter zu bewegen und die Welt miteinander zu vernetzen.

Aachen, 2023
Stefanie Schäfer

Inhaltsverzeichnis

Bereich **Seite**

Prüfungsbereich

Kaufmännische Steuerung und Kontrolle

- Prozessorientierte Leistungserstellung in Spedition und Logistik
- Sammelgut- und Systemverkehre
- Logistische Dienstleistungen
- Kosten- und Leistungsrechnung
- Controlling

Hinweis

Achtung!

Sollte es für diese Auflage Aktualisierungen oder Änderungen geben, kannst du diese herunterladen unter:

www.u-form.de/addons/40241-2023.zip

Hier haben wir auch Infos zur Abschlussprüfung für dich zusammengestellt.

Fahrzeugkostenauswertung 1.01

Situation:

Spedition IFLAND aus München kalkuliert für ihre baugleichen Fahrzeuge mit einem Tagessatz von 290,00 € und einem km-Satz von 0,68 €. Die Fahrzeuge werden sowohl im Sammelgutverkehr als auch für komplette Direktladungen eingesetzt. Um eine Angebotserstellung für die Gewichtsstufe 5 t zu systematisieren, soll eine Tabelle entwickelt werden, die Angaben über die fixen und variablen Fahrzeugkosten für 100 kg-Sätze enthält, die nach der Entfernung gestaffelt sind.

a) Vervollständigen Sie folgende Tabelle mit den entsprechenden Werten:

Veränderung der Fahrzeugkosten		Frachtsätze je 100 kg (in €) bei 5 000 kg
bei 150 km	Variable	2,04
	Fixe	5,80
	Gesamte	7,84
bei 250 km	Variable	...
	Fixe	...
	Gesamte	...
bei 400 km	Variable	...
	Fixe	...
	Gesamte	...

b) Berechnen Sie die fixen, variablen und gesamten Fahrzeugkosten für den 100 kg-Satz für eine Entfernung von 250 km in einer Gewichtsstufe von

ba) 10 t

bb) 15 t

c) Erklären Sie das Phänomen, das sich an der Entwicklung der Fahrzeugkosten je 100 kg in Abhängigkeit zur Beförderungsmenge zeigt.

1.02 Preisstellung im Sammelgutverkehr

Situation:

Die Spedition Emil AVERDICK, 52224 Stolberg, arbeitet als Versandspedition und bedient den Großraum Hannover.

Für die WERKZEUG GmbH aus 52062 Aachen, soll AVERDICK Bohrmaschinen, die für einen Baumarkt in 30419 Hannover-Herrenhausen bestimmt sind, versenden. Das Gewicht der Sendung beträgt 420 kg.

Spediteur AVERDICK lässt den Hauptlauf vom Transportunternehmer SCHMITTING aus 52249 Eschweiler durchführen. SCHMITTING berechnet für die insgesamt 14 t umfassende Sammelladung zum Empfangsspediteur in Hannover-Mitte einen Festpreis von 600,00 €.
Mautkosten werden nicht gesondert berechnet.

Im Sammelladungsverkehr arbeitet AVERDICK mit folgenden Konditionen:

Abrechnungsposition	€/100 kg	€/Einzelsendung
Abholen	9,80	
Umschlag SA (*)	4,83	
Dispo-Kosten SA		9,07
Umschlag SE (**)	4,83	
Dispo-Kosten SE		6,75
Zustellen	9,80	

(*) SA = Sammelgutausgang (Versandspedition)
(**) SE = Sammelguteingang (Empfangsspedition)

Berechnen Sie die für die WERKZEUG GmbH anfallenden (anteiligen) Kosten.

Lager-ABC-Analyse 1.03

Situation:

Die Spedition WUTTKE & EMRICH KG betreibt als Logistikdienstleister für die Kunden der KOSMETICA AG in Potsdam ein Konsignationslager. Um die Effizienz der Kommissionierung zu steigern, sollen die Artikel, die in ihrer Bedeutsamkeit höherrangig sind, in unmittelbarer Nähe der Kommissionierzonen gelagert werden. Zu diesem Zweck bittet die KOSMETICA AG um die Erstellung einer ABC-Analyse.

Folgende Angaben liegen vor:

Artikel-Nr.	Artikelbezeichnung	Menge in Stück	Preis je Stück in € bei Einlagerung
544	Nagellack „Cello“	4 500	8,45
545	Lippenstift „Cleo“	6 000	12,50
607	Gesichtspuder „Louis XVI“	8 000	8,95
713	Fußcreme „Pedessimo“	1 900	9,35
715	Hautcreme “Satino”	7 000	9,80

Staffelung der A-, B- und C-Güter:

A-Güter = 20 % und mehr
B-Güter = 10 % bis unter 20 %
C-Güter = bis unter 10 %

Erstellen Sie eine ABC-Analyse mit den oben aufgeführten Warensorten und ermitteln Sie den wertmäßigen Anteil der A-, B- und C-Güter. Wie viel Prozent des Gesamtwertes stellen die A-Güter?

Erstellen Sie die Analyse nach folgendem Muster:
Runden Sie die Prozentanteile auf eine Stelle hinter dem Komma.

Artikel-Nr.	Menge x Preis	A-Güter		B-Güter		C-Güter	
		Wert in Tsd. €	Wert in %	Wert in Tsd. €	Wert in %	Wert in Tsd. €	Wert in %
544 Nagellack							
545 Lippenstift							
607 Gesichtspuder							
713 Fußcreme							
715 Hautcreme							
Summe							

2.01 Kalkulatorische Kosten

Folgende Angaben liegen zur Kostenrechnung der Spedition J. Wagner OHG vor:

• Personalkosten	220.000,00 €
• Kfz-Steuer des betrieblichen Fuhrparks	6.500,00 €
• Kalk. Wagnisse	14.000,00 €
• Kalk. Unternehmerlohn	55.000,00 €
• Kalk. Zinsen (auf Fremdkapital)	35.000,00 €

Im Rahmen der Vorbereitungen einer Ergebnistabelle soll geklärt werden, welche der vorgenannten Kosten als Grundkosten, Anderskosten oder Zusatzkosten anzusehen sind.

Ermitteln Sie anhand der vorgenannten Zahlen, in Euro, die Höhe der:

a) Grundkosten

b) Anderskosten

c) Zusatzkosten

2.02 Abschreibung

Teil I Kalkulatorische Abschreibung

Die betriebliche Nutzungsdauer eines bestimmten Fahrzeugs mit einem Bruttoanschaffungswert von 107.100,00 € einschließlich 19 % USt beträgt 12 Jahre. Lt. AfA-Tabelle hingegen beträgt die Nutzungsdauer 8 Jahre. Im Anschaffungspreis enthalten sind Reifen im Wert von 6.000,00 € zzgl. 19 % USt.
Am Ende der betrieblichen Nutzungsdauer wird mit einem Wiederbeschaffungswert (ohne Reifen) von 123.000,00 € (netto) gerechnet. Bei dem Altfahrzeug geht man von einem Restverkaufspreis in Höhe von 4.500,00 € (netto) aus.

Ermitteln Sie im Rahmen der Kostenrechnung in Euro:

a) die Basis für die kalk. Abschreibung

b) den Betrag für die jährliche kalk. Abschreibung

Abschreibung 2.02

Teil II Bilanzmäßige und kalkulatorische Abschreibung

Über ein Fahrzeug des betrieblichen Fuhrparks liegen Ihnen folgende Daten vor:

Position	Daten
Listenpreis des Basismodells (netto)	176.000,00 €
Sonderrabatt auf den Listenpreis	10 %
Anschaffungskosten (brutto)*	261.800,00 €
Wert der im Listenpreis enthaltenen Bereifung (netto)	5.280,00 €
Kaufdatum	10.02.2017
Nutzungsdauer lt. AfA-Tabelle**	8 Jahre
Durchschnittliche Fahrleistung pro Jahr	144 000 km
Geplante Gesamtfahrleistung	864 000 km
Faktor zur Berücksichtigung der Preissteigerung bis zum Ersatzzeitpunkt	1,23
Erwarteter Nettoerlös beim Verkauf des Fahrzeugs am Ende der geplanten Nutzungsdauer	28.000,00 €

* In den Anschaffungskosten (brutto) enthalten sind die Zulassungs- und Überführungskosten sowie betriebsnotwendige Sonderausstattungen, die vom Basismodell des Serienfahrzeugs abweichen; ebenso 19 % Umsatzsteuer.

** Tabelle der Finanzbehörde über die anerkannte Nutzungsdauer für die „Absetzung für Abnutzung".

Ermitteln Sie:

a) die Höhe der (aktivierungspflichtigen) Anschaffungsnebenkosten

b) die Höhe der bilanzmäßigen Abschreibung im Anschaffungsjahr (bei Vollausnutzung steuerlicher Vorteile)

c) den Basiswert für die kalk. Abschreibung (Ergebnis auf volle Euro runden.)

d) den Prozentsatz für die lineare kalk. Abschreibung

Hinweis: Die Ergebnisse sind, sofern erforderlich und nichts anderes bestimmt ist, auf 2 Nachkommastellen zu runden.

2.03 Kalkulatorische Zinsen

Das durchschnittlich gebundene betriebsnotwendige Vermögen eines Speditionsbetriebes betrug 6,15 Mio. € für das Jahr 2022. Die tatsächlich gezahlten Fremdkapitalzinsen in 2022 beliefen sich auf 279.000,00 €. Der kalk. Zinssatz wurde mit 6,5 % p. a. angesetzt.

Der Spediteur will nun wissen, wie viel Euro aufgrund der verrechneten kalk. Zinsen für sein Eigenkapital angesetzt werden konnten.

Hinweis: Ergebnisse sind ggf. auf 2 Nachkommastellen zu runden.

a) Bestimmen Sie die Höhe der Eigenkapitalzinsen in Euro.

b) Wie hoch war das durchschnittlich gebundene Fremdkapital in 2022, wenn der tatsächlich gezahlte Fremdkapitalzins bei 6 % lag?

2.04 Kalkulatorischer Unternehmerlohn

Folgende Ertragsmeldungen liefert die Geschäftsbuchführung einer Speditionseinzelunternehmung für das auslaufende Geschäftsjahr:

• Summe der Speditionserlöse	3.240.000,00 €
• Summe der Zinserträge	15.000,00 €
• Summe der Erträge aus Anlageverkäufen	112.000,00 €

Der Inhaber möchte in seiner Kosten- und Leistungsrechnung einen kalk. Wert für den Unternehmerlohn ansetzen. Da er über keine vergleichbaren Werte verfügt, soll der Unternehmerlohn mittels der sog. Seifenformel (18 x √ Umsatz) angesetzt werden.

Ermitteln Sie die Höhe des kalk. Unternehmerlohns in Euro, der mittels dieser Formel zum Ansatz gebracht werden kann.

Abgrenzungsrechnung 2.05

Folgende Angaben aus der Geschäftsbuchführung (Rechnungskreis I) der Walter KOXX Spedition, Düren, liegen vor:

Konto	Bezeichnung	Werte in Tsd. €
20	Außerordentliche Aufwendungen	10
22	Zinsaufwendungen	90
247	Bilanzmäßige Abschreibungen	240
249	Wagnisse	20
25	Außerordentliche Erträge	430
40	Lohn- und Lohnnebenkosten	180
41	Gehalts- und Gehaltsnebenkosten	120
42	Fuhrparkkosten	80
44	Verwaltungskosten	15
45	Sonstige Steuern, Versicherungen	25
46	Unternehmenskosten	45
74	Kraftwagenspedition	200
84	Kraftwagenspedition	845

Folgende zusätzliche Angaben sind ebenfalls zu berücksichtigen:

	Werte in Tsd. €
• Anschaffungswert des Anlagevermögens	1.200
Wiederbeschaffungswert des Anlagevermögens	1.500
Bilanzmäßiger Abschreibungssatz 20 %	
Kalk. Abschreibungssatz 15 %	
• Betriebsnotwendiges Kapital	1.900
Durchschnittlicher Zinssatz 10 %	
• Kalk. Unternehmerlohn	28
• Kalk. Wagnisse	25

Ermitteln Sie mit Hilfe der Abgrenzungstabelle (siehe nächste Seite) die einzelnen Teilergebnisse der Spedition KOXX.

2.05 Abgrenzungsrechnung

Bitte vervollständigen Sie die Ergebnistabelle durch Eintragen der entsprechenden Werte:

Abgrenzungsrechnung (Ergebnistabelle) der Spedition KOXX (Werte in Tsd. €)								
Geschäftsbuchführung (RK I)			Abgrenzungsbereich				Kosten- und Leistungsrechnung (RK II)	
Unternehmensergebnis			Unternehmensbezogene Abgrenzungen		Kostenrechnerische Korrekturen		Betriebsergebnis	
Konto-Nr.	Aufwendungen	Erträge	Aufwendungen	Erträge	Aufwendungen lt. RK I	Verrechnete Kosten	Kosten	Leistungen
20								
22								
247								
249								
25								
40								
41								
42								
44								
45								
46								
74								
84								
Kalk. UL								
Summen								
Salden								
Summen								

Abgrenzungsrechnung 2.05

Tragen Sie Ihre ermittelten Ergebnisse in die folgenden Lösungskästchen ein.
Tragen Sie in das erste Kästchen ein (+) ein, wenn das Ergebnis positiv ausfällt bzw. ein (-) ein, wenn es negativ ausfällt.

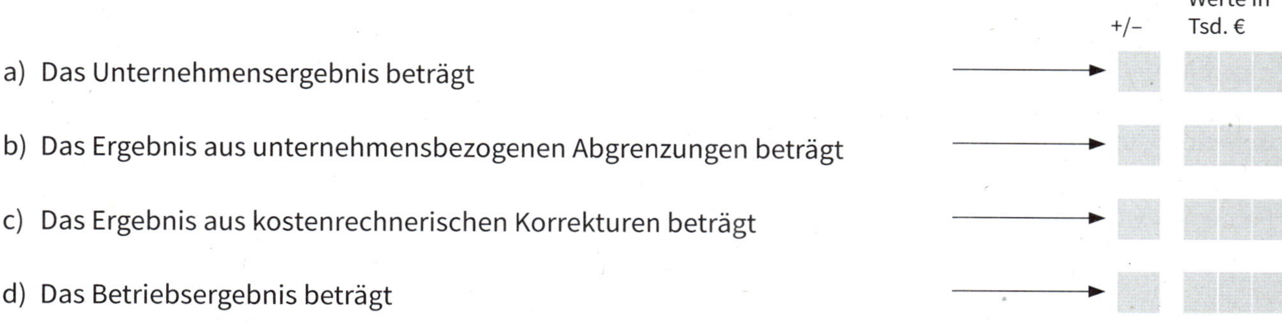

	+/–	Werte in Tsd. €
a) Das Unternehmensergebnis beträgt		
b) Das Ergebnis aus unternehmensbezogenen Abgrenzungen beträgt		
c) Das Ergebnis aus kostenrechnerischen Korrekturen beträgt		
d) Das Betriebsergebnis beträgt		

Kostenarten 2.06

Zur Vorbereitung einer Betriebsabrechnung sollen in der internationalen Spedition LEDERER & Söhne OHG, Hannover, folgende Aufwendungen bestimmten Kostenarten zugeordnet werden:

Aufwendungen

- Kraftstoffverbrauch 2.000 €
- Transportversicherungsprämien 1.600 €
- Kfz-Versicherungsprämien 1.000 €
- Gehälter 80.000 €
- Behältermieten 800 €
- Eingangsabgaben (Zölle, EUSt) 4.000 €

Bestimmen Sie die jeweilige Kostensumme in Euro für die folgenden Kostenarten:

a) Summe aller Einzelkosten
b) Summe aller Gemeinkosten
c) Summe aller Fixkosten
d) Summe aller variablen Kosten

2.07 Einstufige Betriebsabrechnung

Die LOGSPEDIA GmbH, Quadrath-Ichendorf, wickelt internationale und nationale Verkehre ab. Außerdem entwickelt und verkauft sie Logistikkonzepte an Kunden. Um eine abteilungsbezogene Abrechnung für den Monat 03/2023 durchzuführen, müssen noch folgende Gemeinkosten nach einem betrieblichen Verteilungsschlüssel auf die drei Leistungsabteilungen umgelegt werden.

Folgende Angaben für den Monat 03/2023 sind bekannt:

Gemeinkosten	Beträge in €	Nationale Verkehre	Internationale Verkehre	Logistik-Service
Personalkosten	45.000			
Energiekosten	2.000			
Mietkosten	12.000			
Leasingkosten EDV	15.000			
Versicherungen	6.000			
Büromaterialverbrauch	2.000			
Betriebliche Abgaben	6.000			
Kommunikationskosten	9.000			
Summe	97.000			

Verteilungsschlüssel (Anteile in der Reihenfolge der o. g. Abteilungen):

- Personalkosten: Gehaltsliste 7 : 4 : 4
- Energiekosten: Verbrauchszähler 4 : 3 : 3
- Mietkosten: Raumfläche in m^2 200 : 240 : 160
- Leasingkosten: Nutzungsfaktoren (NF) 1 : 1 : 1
- Versicherungen: Risikofaktoren 1 : 2 : 1
- Büromaterialverbrauch: MES (*) 250 : 450 : 1.300
- Betriebliche Abgaben: Drittelung 1 : 1 : 1
- Kommunikationskosten: NF 1 : 2 : 3

(*) MES = Materialentnahmescheine

a) Ermitteln Sie die vorläufigen Gemeinkosten der Abteilung Logistik-Service anhand der vorgegebenen Verteilungsschlüssel in Euro.

b) Wie hoch ist das Monatsergebnis in Euro der Abteilung Logistik-Service, wenn folgende Zusatzangaben bekannt sind:

weitere Gemeinkosten dieser Abteilung	63.000 €
Abteilungseinzelkosten	44.000 €
Abteilungserlöse	170.000 €

Mehrstufige Betriebsabrechnung 2.08

Am Ende des **1. Quartals 2023** liegt die folgende Betriebsabrechnung der Spedition Martin DENGLER e. K. aus Nürnberg vor:

Betriebsabrechnung der Spedition Martin DENGLER e. K., Nürnberg für das 1. Quartal 2023 – Werte in €							
Gemeinkosten	Summe	Allg. Hilfskostenstelle	Besondere Hilfskostenstelle	Hauptkostenstellen			
		Kantine	Werkstatt	Kraftwagen-Sped.	Luftfracht-Sped.	Seefracht-Sped.	Lagerei
Löhne	230.000	20.000	40.000	70.000	30.000	40.000	30.000
Gehälter	106.500	8.000	10.000	35.000	25.000	20.000	8.500
Fuhrparkkosten	360.000	0	0	170.000	55.000	45.000	90.000
Raumkosten	30.000	2.000	1.000	8.000	6.000	5.000	8.000
Steuern, Vers.	48.000	1.000	4.000	20.000	9.000	10.000	4.000
Untern.-Kosten	36.500	500	4.000	8.000	10.000	8.500	5.500
Verwaltungsk.	80.000	500	5.000	22.000	25.000	15.500	12.000
Kalk. U-Lohn	30.000	1.000	3.000	8.000	5.000	9.500	3.500
Kalk. Zinsen	98.000	1.500	3.500	25.000	35.000	13.000	20.000
Kalk. Abschr. (*)	255.000	5.000	15.000	80.000	50.000	45.000	60.000
Kalk. Wagnisse	20.000	500	500	10.000	3.000	2.500	3.500
Summe der Gemeinkosten	1.294.000	40.000	86.000	456.000	253.000	214.000	245.000
Umlage Kantine	1 : 3 : 1 : 1 : 2						
Umlage Werkstatt	6 : 1 : 2 : 1				a)		
Summe der GK nach Umlage							
Einzelkosten	Gemäß Angaben der Buchhaltung aus Kontenklasse 7			322.000	155.500	195.000	218.000
Abteilungskosten						b)	
Abteilungserlöse	Gemäß Angaben der Buchhaltung aus Kontenklasse 8			990.000	515.000	595.000	485.000
Abteilungsergebnis							c)

(*) vom abschreibbaren Anlagevermögen

2.08 Mehrstufige Betriebsabrechnung

Ermitteln Sie anhand des von Ihnen noch zu vervollständigenden Betriebsabrechnungsbogens (BAB):

a) den Anteil der Umlage Werkstatt für die Luftfrachtspedition in Euro

b) die Abteilungskosten der Seefrachtspedition in Euro

c) das Abteilungsergebnis der Lagerei in Euro

d) die Umsatzrendite der Abteilung Lagerei in Prozent

e) den prozentualen Anteil des Abteilungsergebnisses der Seefrachtspedition am Gesamtergebnis der Spedition Martin DENGLER e. K. in Prozent

f) das Speditionsrohergebnis der Abteilung „Kraftwagenspedition“ in Tsd. Euro

g) die Gesamt-Umsatzrentabilität in Prozent

h) den Prozentsatz der **echten Zusatzkosten** an den Gesamtkosten der Abteilung Seefrachtspedition in Prozent

i) den Wiederbeschaffungswert des abschreibbaren Anlagevermögens in Tsd. Euro, wenn bei der kalk. Abschreibung ein Abschreibungssatz von 16,5 % angenommen wurde in Tsd. Euro (Ergebnis bitte auf volle Tsd. Euro aufrunden)

j) das betriebsnotwendige Kapital bei einem Jahreszinssatz von 5 % in Tsd. Euro

Hinweis: Alle Ergebnisse sind, falls erforderlich, auf **2 Nachkommastellen** zu runden.

Fahrzeugkostenkalkulation I 2.09

Fall 1

Für ein im Großbaustellenverkehr eingesetztes Spezialfahrzeug (3-Achs-Kipper) des gewerblichen Güterkraftverkehrs soll eine Fahrzeugkostenrechnung erstellt werden. Die folgenden Daten (Pos. 01 – 30) sind bekannt:

Pos.	A. Fahrzeugdaten (technische Angaben)		Pos.	C. Kostendaten	
01	Kennzeichen:	AC-SN 200		**C.1 Bewegliche Kosten (ct/Jahr)**	
02	Betriebsnummer:	210752	18	Abnutzung als beweglicher Teil der Abschreibung vom halben Kaufpreis (ohne Reifen), bezogen auf die Nutzungsdauer in km	
03	Aufbau:	Kipper	19	Treib- und Schmierstoffkosten (an Schmierstoffverbrauch werden 5 % der Treibstoffkosten unterstellt)	
04	Motorleistung (KW):	293	20	Reifenverbrauch in Abhängigkeit der Laufleistung	
05	Anzahl Reifen:	10	21	Reparaturen (langjähriger Mittelwert: 33,5 ct/km)	
06	Zul. Gesamtgewicht in t	24		**C.2 Personalkosten(€/Jahr)**	
07	Nutzlast in t	15	22	Fahrerlöhne brutto	30.000
08	Anzahl Achsen	3	23	Sozialaufwand	40 %
	B. Kalkulationsdaten		24	Fahrerspesen	2.000
09	Kaufpreis mit Reifen (€)	190.000		**C.3 Feste Fahrzeugkosten (€/Jahr)**	
10	Kilometer p. a.	40 000	25	Verzinsung (10 % p. a.) vom halben Kaufpreis	
11	Einsatztage p. a.	200	26	Entwertung als fester Teil der Abschreibung vom halben Kaufpreis (ohne Reifen), bezogen auf die Nutzungsdauer in Jahren	
12	Nutzungsdauer (in Jahren)	10	27	Kfz-Steuer	5.957
13	Nutzungsdauer (in km)	400 000	28	Kfz-Versicherung (Haftpflicht und Kasko)	7.407
14	Reifenlaufleistung (in km)	70 000		**C.4 Verwaltungskosten (€/Jahr)**	
15	Reifenpreis (€/Stück)	850	29	Umlage für Büromaterial, Steuern, Gebühren etc.	12.000
16	Treibstoffpreis (€/Liter)	0,95		**C.5 Kalkulatorische Kosten (Aufschlag)**	
17	Verbrauch (Liter/100 km)	33	30	Kalkulatorische(r) Unternehmerlohn und Wagnisse	10 %

2.09 Fahrzeugkostenkalkulation I

Teil A

Ermitteln Sie auf der Basis der vorgenannten Daten folgende Werte:

a) Bewegliche Gesamtkosten der Gruppe C.1 (ct/km)
Auf eine Nachkommastelle runden.

b) Summe der Gesamt-Personalkosten der Gruppe C.2 (€/Jahr)

c) Summe der festen Fahrzeugkosten der Gruppe C.3 (€/Jahr)

d) Summe der festen Gesamtkosten aus den Gruppen C.2 bis C.4 (€/Jahr)

e) Aufschlag für kalk. Kosten auf die festen Gesamtkosten (halber Satz) (€/Jahr).
Auf volle Euro runden.

(Hinweis: Folgende Ergebnisse sind auf **2 Nachkommastellen** zu runden.)

f) Aufschlag für kalk. Kosten auf die beweglichen Gesamtkosten (halber Satz) (€/km)

g) Tagessatz unter Berücksichtigung des Aufschlags für die kalk. Kosten (halber Satz) (€/Tag)

h) Kilometersatz unter Berücksichtigung des Aufschlags für die kalk. Kosten (halber Satz) (€/km)

Teil B

Das 3-Achs-Kipperfahrzeug soll im Rahmen eines Auftrages an 3 aufeinander folgenden Werktagen beschäftigt werden. Die gefahrene Kilometerleistung liegt bei 42 km pro Tag.

Kalkulieren Sie die Selbstkosten, die dieser Auftrag verursacht, unter Berücksichtigung der im Teil A ermittelten relevanten Werte:

(Hinweis: Ergebnisse sind auf **2 Nachkommastellen** zu runden.)

i) Feste Kosten des Auftrags

j) Bewegliche Kosten des Auftrags

k) Selbstkosten des Auftrags

l) Angebotspreis des Auftrags (einschließlich 19 % USt), wenn ein Gewinnzuschlag von $8\frac{1}{3}$ % kalkuliert wird.

Fahrzeugkostenkalkulation I 2.09

Fall 2 (ungebundene Aufgabe)

Folgende Angaben über ein Nutzfahrzeug (24 t Nutzlast) liegen vor (Auszug aus den Positionen der Kalkulation):

Zeile	A Technische Angaben		
5	Anzahl der Reifen		8
	B Kalkulationsdaten		
9	Jahreslaufleistung (96 % mautpflichtig)		100 000 km
10	Jahreseinsatzzeit		240 Tage
12	Nutzungsdauer		10 Jahre
13	Reifenlaufleistung		100 000 km
14	Kraftstoffverbrauch		30 l/100 km
15	Kraftstoffpreis		1,70 €/l
	C Kapitalwerte		
16	Fahrzeugkaufpreis ohne Reifen		100.000 €
17	Kaufpreis Bereifung (Stückpreis)		1.250 €
18	Durchschnittl. gebundenes Umlaufvermögen		20.000 €
19	Betriebsnotwendiges Vermögen		
	D Kalkulation		
20	Abschreibung (Abnutzung 50 %) p. a.		
21	Kraftstoffkosten p. a.		
22	Schmierstoffe/Öl (3 % der Kraftstoffkosten) p. a.		
23	Reifenkosten p. a.		
24	Reparaturen p. a.		6.000 €
26	Maut 19,0 ct/km		

2.09 Fahrzeugkostenkalkulation I

Fall 2 (ungebundene Aufgabe)

Zeile	D Kalkulation		
28	Fahrerlohn		25.200
31	Sozialaufwendungen		25 %
33	Personalfaktor		1,0
34	Spesen je Einsatztag		10 €
36	Abschreibung (Entwertung 50 %) p. a.		
37	Verzinsung 5 % p. a.		
38	Kfz-Steuer p. a.		3.000 €
39	Kfz-Haftpflichtversicherung p. a.		4.000 €
40	Kfz-Kaskoversicherung (für die ersten 2 Jahre) p. a.		2.000 €
41	Güterschaden-Haftpflichtversicherung p. a.		1.000 €
44	Verwaltungskosten p. a.		12.000 €

a) Ermitteln Sie die noch fehlenden Werte in der Kalkulation **(siehe Tabelle)** und tragen Sie diese ein.

b) Werten Sie die Kalkulationsdaten aus, indem Sie folgendes Schema durch die noch offenen Werte ergänzen. Die eingetragenen Werte sind auf ihre Richtigkeit zu überprüfen.

Zeile	Auswertung	€/Jahr
50	km-abhängige Kosten	
51	Fahrpersonalkosten	
52	Feste Fahrzeugkosten	
53	Fahrzeugeinsatzkosten	**142.820**
54	Gemeinkosten	
55	Zeitabhängige (fixe) Kosten	
56	Gesamtkosten	**217.870**

Fahrzeugkostenkalkulation II **2.10**

Spediteur Hellmann aus 01099 Dresden erwarb 2023 einen neuen LKW mit einem zulässigen Gesamtgewicht von 24 t. Die Nutzlast beträgt 14 t. Der LKW wird wie folgt in Rechnung gestellt:

LKW 24 t Listenpreis	195.000,00 €
Sonderrabatt	25.000,00 €
Zulassung	300,00 €
Überführung	1.700,00 €
Werbeaufschrift	3.000,00 €
USt 19 %	33.250,00 €
Rechnungspreis	208.250,00 €

Im Kaufpreis ist der Neuwert der Bereifung (zugleich auch Wiederbeschaffungswert) mit 9.200,00 € zzgl. 19 % USt enthalten.

Weitere Angaben:

- Die Kosten für die Ersatzbeschaffung am Ende der Nutzungsdauer werden auf 235.000,00 € zzgl. USt geschätzt.
- Der Wiederverkaufserlös wird auf 12.500,00 € netto geschätzt.
- Der LKW bindet durchschnittlich 30.000,00 € Umlaufvermögen.
- geschätzte Nutzungsdauer in km: 650 000
- jährliche km-Leistung: 130 000 (davon 80% mautpflichtig)
- geschätzte Nutzungsdauer der Reifen in km: 150 000
- Einsatztage pro Jahr: 250
- Kraftstoffverbrauch: 34 l/100 km
- Kraftstoffpreis je Liter: 1,70 € netto
- Schmierstoffkosten: 3,5 % der Kraftstoffkosten
- Abschreibung ist je zur Hälfte leistungs- bzw. zeitabhängig
- Kfz-Steuer: 7.098,00 € jährlich
- Kfz-Versicherung: 4.874,00 € jährlich
- Garage/Unterstellung: 360,00 € pro Halbjahr
- Reparaturkosten: 7.500,00 € je Quartal
- kalk. Zinsfuß: 6 %
- Fahrerlohn: 27.500,00 € jährlich
- Personalfaktor: 1,5
- Arbeitgeberanteil zur Sozialversicherung: 22 %
- jährliche Fahrerspesen (unter Berücksichtigung des Personalfaktors) insgesamt: 6.750,00 €
- allgemeine Verwaltungskosten p. a.: 11.500,00 €
- Maut: 19,0 ct/km

2.10 Fahrzeugkostenkalkulation II

Beantworten Sie folgende Fragen zum Sachverhalt:

Hinweis: Ergebnisse sind, sofern nichts anderes angegeben ist, auf **2 Nachkommastellen** zu runden.

a) Wie hoch ist die kalk. Jahresabschreibung?

b) Wie hoch sind die kalk. Jahreszinsen?

c) Wie viel Euro betragen die fixen Einsatzkosten pro Jahr?

d) Wie hoch sind die jährlich anfallenden Kraftstoffkosten?

e) Welcher Betrag ist für die jährlichen Reifenkosten anzusetzen?

f) Wie hoch sind die variablen Einsatzkosten p. a.?

g) Wie hoch sind die fixen Fahrzeugkosten p. a.?

h) Welcher Tagessatz ergibt sich?

i) Wie hoch ist der km-Satz? (Auf **3 Nachkommastellen** runden.)

j) Wie hoch sind die Fahrzeugkosten je 100 kg für einen Auftrag, bei dem 6 t über eine Entfernung von 400 km befördert werden sollen?

k) Um wie viel Prozent liegt der km-Satz über den reinen Kraftstoffkosten je km?

2.11 Lagerkostenkalkulation I

Für ein Lagerhaus der Spedition ROTTMANN GmbH, 39114 Magdeburg, sind folgende Daten gegeben:

Werte in €/Jahr	
Kalk. Abschreibung	240.000
Kalk. Zinsen	113.000
Reparaturkosten	12.000
Versicherungskosten	36.000
Energiekosten	64.800
Allgemeine Verwaltungskosten	51.520
Zusatzangaben:	
Durchschnittlicher Lagerbestand Durchschnittlich belegte Lagerfläche	5 200 t 8 000 m²

Lagerkostenkalkulation I 2.11

Berechnen Sie für die ROTTMANN GmbH:

a) die durchschnittlichen monatlichen Lagerungskosten je m^2 (€)

b) die durchschnittliche Gewichtsauslastung pro m^2 (kg)

c) die durchschnittlichen monatlichen Lagerungskosten für 100 kg (€)

d) um wie viel Prozent der unter c) ermittelte Wert vom Vorjahreswert abweicht, der bei 1,12 € lag (%)

Kennzeichnen Sie Ihr Ergebnis mit einem (+) bzw. (-), je nachdem, ob der Wert darüber oder darunter liegt.

Hinweis: Ergebnisse auf **2 Nachkommastellen** runden.

Lagerkostenkalkulation II 2.12

Der Toilettenpapierhersteller PROPODEX AG lagert bei der Spedition WÜST GmbH, Stuttgart, einen Teil seiner Produkte ein. Das monatliche Einlagerungsgewicht beträgt 550 t. Die einzulagernde Ware wird auf Paletten mit jeweils 500 kg angeliefert. Das monatliche Auslagerungsgewicht für die PROPODEX AG beträgt ebenfalls 550 t. Auch die auszulagernde Ware befindet sich auf Paletten mit 500 kg.

Bei der monatlichen Einlagerung der 550 t werden für den Gabelstaplereinsatz täglich 105 Min., für die Auslagerung täglich 2 ¾ Gabelstaplerstunden benötigt. Der Gabelstapler verursacht pro Std. Kosten i. H. v. 12,00 €. Es werden 22 Arbeitstage zugrunde gelegt. Die Kosten einer Arbeitsstunde betragen 33,00 €.

Berechnen Sie für je 100 kg die Kosten der:

Hinweis: Die Ergebnisse sind auf **3 Nachkommastellen** zu runden.

a) Einlagerung

b) Auslagerung

c) Umschlaggeräte

3.01 Preisuntergrenzen

Axel C. WAGENKNECHT aus Aachen bedient zurzeit mit 20 baugleichen LKW als selbst eintretender Spediteur die Relation Aachen – Konstanz. In seiner Fahrzeugkostenrechnung kalkuliert er mit Tages- und Kilometersätzen auf Vollkostenbasis.

Jeweils 30 % vom Tages- bzw. km-Satz entfallen dabei auf die hälftig kalkulierte Abschreibung der Fahrzeuge sowie weiterer kalk. Kosten, die nicht (mehr) ausgabewirksam sind. Die zu fahrende Distanz beträgt 585 km. Auf Basis dieser Kalkulationsdaten bietet er – bei Vollauslastung des jeweiligen Fahrzeugs durch Komplettladungen – der Mehrzahl seiner Kunden für die obige Relation folgende Transportleistung an, wobei WAGENKNECHT einen Gewinnzuschlag von 10 % auf seine Selbstkosten nimmt:

Angebot

Fahrzeugeinsatz am Tag X
Relation: AC – KN

Tagessatz:	418,00 €
km-Satz:	0,88 €
Angebotspreis (incl. 19 % MwSt):	1.110,03 €

a) Wie hoch sind WAGENKNECHTS Selbstkosten?

b) Bei einer Kapazitätsauslastung von 80 % könnte WAGENKNECHT seine nicht beschäftigten Fahrzeuge für einen Neukunden einsetzen, der jedoch nur 700,00 € (netto) je Fahrt nach Konstanz zu zahlen bereit ist.

Wie hoch ist der mit dem Neukunden zu erzielende Gesamterlös, der übrig bleibt, um die fixen Kosten der eingesetzten Fahrzeuge zu decken?

c) Wo liegt WAGENKNECHTS untere Preisgrenze (netto), deren Unterschreiten wirtschaftlich nicht sinnvoll wäre?

d) Wie hoch sind die von WAGENKNECHT kalkulierten Kosten, die auch bezahlt werden müssen, also seine Liquidität verringern?

e) Wo liegt die langfristige Preisuntergrenze WAGENKNECHTS?

Deckungsbeitragsrechnung 3.02

Im Monat März liegen für die verdienenden Geschäftsbereiche der LOGISPED International Ltd., Frankfurt a. M., folgende Zahlen vor:

Geschäftsbereich	A-logistics	B-logistics	C-logistics
Durchschnittlicher Nettoverkaufserlös je Auftrag	860,00 €	544,00 €	285,00 €
Durchschnittliche variable Kosten je Auftrag	320,00 €	502,00 €	38,00 €
Anzahl der monatlichen Aufträge	55 Aufträge	310 Aufträge	290 Aufträge

Die Fixkosten im ABC-logistics-Bereich betragen jährlich 2.582.580,00 €.

a) Wie hoch ist der Stückdeckungsbeitrag im Bereich A-logistics?

b) Wie hoch ist der gesamte Deckungsbeitrag für den Bereich der B-logistics?

c) Ermitteln Sie das Monatsergebnis der LOGISPED International Ltd.

Hinweis: Kennzeichen Sie das Ergebnis mit (+) bzw. (–), je nachdem, ob es positiv oder negativ ausfällt.

d) Um das Monatsergebnis zu verbessern, empfiehlt ein Controller folgende Maßnahmen:

- Die Aufgabe der B-logistics, was zu einer Absenkung der Fixkosten um 50 % führt.
- Die Verstärkung der Marketingaktivitäten im Bereich der C-logistics, was zu einer Erhöhung der monatlichen Fixkosten um 50.000,00 €, aber auch zu einer Auftragsverbesserung um 100 % im C-Bereich führt.

Ermitteln Sie das optimierte Monatsergebnis unter Berücksichtigung der vorgenannten Maßnahmen.

Hinweis: Kennzeichen Sie das Ergebnis mit (+) bzw. (-), je nachdem, ob es positiv oder negativ ausfällt.

3.03 Break-even-Analyse

Die 10 Sattelzüge der WESTTRANS GmbH, Lüneburg, verursachen pro Jahr Fixkosten i. H. v. 1,575 Mio. €. Für einen Großkunden sollen jährlich 2 300 Touren gefahren werden. Der Kunde ist bereit, für jede Tour einen Festpreis von 1.200,00 € zu zahlen. Durchschnittlich fallen pro Tour 450,00 € variable Kosten an. Die Kapazitätsgrenze der WESTTRANS GmbH liegt bei 2 400 Touren jährlich.

a) Wie viele Touren müssen gefahren werden, damit die WESTTRANS GmbH die Gewinnschwelle (Break-even-Point) erreicht?

b) Wie hoch ist der Auslastungsgrad der Sattelzüge (in %) im Break-even-Point?

c) Wie viel Gewinn bzw. Verlust im Jahr erwirtschaftet die WESTTRANS GmbH bei Auftragsausführung?

d) Berechnen Sie das Gewinnmaximum bei der vorgegebenen Kapazitätsgrenze.

3.04 Kostenspaltung

Die NORDTRANS GmbH & Co. KG, Kiel, plant im kommenden Geschäftsjahr eine Fahrleistung von 1 Mio. km. Unter Berücksichtigung folgender Kosten (siehe Tabelle unten) wird ein durchschnittlich erzielbarer Preis von 2,54 € je km vorgegeben.

Kostenarten	Beträge in Tsd. €	Aufspaltung der Kosten in ...	
		Fixe Kosten (in %)	Variable Kosten (in %)
Personal	640	25	75
Treibstoff	800	10	90
Ersatzteile/Reparaturen	160	30	70
Reifen	120	15	85
Steuern/Versicherungen	220	80	20
Abschreibungen	180	100	0
Zinsen	100	100	0
Sonstige Kosten	80	20	80

a) Wie hoch sind die Vollkosten in Euro je km?
(Auf 2 Nachkommastellen runden.)

b) Wie hoch ist die kurzfristige Preisuntergrenze je km?
(Auf 3 Nachkommastellen runden.)

c) Bei wie viel km liegt der Break-even-Point?
(Auf volle km aufrunden.)

d) Wie viele km müssen gefahren werden, wenn ein Gewinn von 182.000,00 € erzielt werden soll?
(Auf volle km aufrunden.)

Bilanzkennzahlen 3.05

Die Bilanz der TRANSPORT AG, Wuppertal-Barmen, zeigt am Ende des Geschäftsjahres folgendes verkürztes Bild:

Bilanz der TRANSPORT AG, Wuppertal zum 31.12. .. (verkürzte Form)			
Aktiva	Werte in Tsd. €	**Passiva**	Werte in Tsd. €
Bebaute Grundstücke	22.000	Gezeichnetes Kapital	11.000
Maschinen	3.500	Kapitalrücklagen	8.000
Fuhrpark	8.400	Gesetzliche Rücklagen	1.000
Betriebs- u. Geschäftsausst.	2.600	Freie Rücklagen	7.000
Vorräte	600	Bilanzgewinn (*)	800
Forderungen a. LL	8.500	Rückstellungen (*)	3.200
Kasse	20	Verb. (Restlaufzeit über 4 J.)	13.200
Bankguthaben	1.500	Verbindlichkeiten a. LL	2.800
		Sonstige kfr. Verbindlichkeiten	120
Summe der Aktiva	47.120	Summe der Passiva	47.120

(*) **Wichtige Hinweise zur Bilanz:**

- Der Bilanzgewinn wird an die Aktionäre voll ausgeschüttet.
- Die Rückstellungen sind zur Hälfte kurzfristiger Natur.
- Die kurzfristigen Verbindlichkeiten betragen somit 5.320 Tsd. Euro.

Ermitteln Sie auf **2 Nachkommastellen** gerundet:

a) die Anlagenintensität (%)

b) die Forderungsintensität (%)

c) die Eigenkapitalquote (%)

d) den Anlagendeckungsgrad II (%)

e) das Working Capital (Tsd. €)

f) die Liquidität 2. Grades (%)

3.06 Erfolgskennzahlen

Die Eigenkapitalquote der SPELOTRANS GmbH, Halle (Saale), lag bei einer Bilanzsumme von 24,00 Mio. € für das abgelaufene Geschäftsjahr bei durchschnittlich 33,5 %.

Die Gewinn- und Verlustrechnung des letzten Jahres zeigt folgendes Bild:

Gewinn- und Verlustrechnung der SPELOTRANS GmbH zum 31.12. .. (verkürzte Darstellung)			
Soll	Werte in Tsd. €	**Haben**	Werte in Tsd. €
Personalaufwand	6.200	Umsatzerlöse	22.880
Verwaltungsaufwand	2.100	Zinserträge	20
Fuhrparkkosten	3.800		
Abschreibungen (auf Anlagen)	2.800		
Zinsaufwendungen	200		
Sonstige Kosten (*)	7.000		
Jahresüberschuss	800		
Summe der Sollseite	22.900	Summe der Habenseite	22.900

(*) In den Sonstigen Kosten sind Aufwendungen enthalten, für die wegen eines schwebenden Gerichtsverfahrens (Prozesskosten) eine Rückstellung i. H. v. 60.000,00 € gebildet wurde.

Ermitteln Sie auf **2 Nachkommastellen** gerundet:

a) die Eigenkapitalrentabilität (auch Eigenkapitalrendite) (%)

b) die Gesamtkapitalrentabilität (auch Gesamtkapitalrendite) (%)

c) die Umsatzrentabilität (auch Umsatzrendite) (%)

d) die Cashflow-Umsatzverdienstrate (%)

Statistik 3.07

Statistik I Übersicht Güterumschlag im Hamburger Hafen

Jahr	2009	2010	2011	2012	2013	2014	2015	2016
Gesamtumschlag (in Mio. t)	140,4	110,4	121,2	130,9	139	145,7	137,8	138,2
Massengutumschlag	42,5	36,8	40,3	39,4	42,3	43	45,5	44,9
Flüssigladung	15,6	14,4	14,1	14,1	14,5	14,4	14,0	14,2
Sauggut	6,5	7,3	6,6	6,2	8	8,2	9,2	8,7
Greifergut	20,3	15,1	19,5	19,1	19,7	20,4	22,3	22,0
Stückgutumschlag	97,9	73,6	80,9	91,5	96,8	102,7	92,3	93,3
Container (in Mio. t brutto)	95,1	71,2	78,4	89,4	94,8	100,7	90,6	91,7
20' Container (in 1.000 TEU)	9 737	7 008	7 896	8 864	9 257	9 729	8 821	8 906
Containerisierungs-grad (Anteil am Stückgut in Prozent)	97,1	96,7	96,8	97,7	98	98	98,1	98,4

Quelle: Hafen Hamburg Marketing e. V. (www.hafen-hamburg.de), Zahlenwerte gerundet

Welche **3** der folgenden Aussagen sind richtig?

1. Die Übersicht zeigt, dass der Massengutumschlag lediglich über 3 Folgejahre hinweg kontinuierlich einen Anstieg zu verzeichnen hatte.
2. Im Jahr 2010 wurden (auf eine Nachkommastelle gerundet) lediglich 2,4 Mio. t Stückgut nicht in Containern umgeschlagen.
3. Im Jahr 2012 gab es (im Vergleich zum Vorjahr) bei allen Güterarten eine negative Entwicklung (Abnahme der Tonnage).
4. Seit 2007 ist der hohe Containerisierungsgrad stetig angestiegen.
5. Fasst man Sauggut und Greifergut zusammen, betrug der Anteil des Greifergutes im Jahr 2014 lediglich ein Drittel der gemeinsamen Umschlagmenge.
6. Im Jahr 2013 lag der Anteil am Güterumschlag bei Flüssigladungen mit 4,7 Mio. t über dem beim Sauggut.
7. Ein Containerschiff, das über 6 000 TEU Ladungsvolumen verfügt, hätte im Jahr 2011 insgesamt 1 316-mal beladen werden können, um alle 20' Container umzuschlagen.

3.07 Statistik

Statistik II Tabellarische Darstellung und Auswertung von Bestandsgrößen

In der Transportunternehmung Seidel & Töchter OHG, Castrop-Rauxel, liegen folgende Daten für das 1. Quartal des Geschäftsjahres vor:

Kraftstoffvorräte Bestandsveränderungen	Menge in Litern	Preis je Liter in €
Anfangsbestand 31.12.2022	77 000	0,829
Entnahmen im Monat 01-2023	32 000	
Zukäufe im Monat 01-2023	55 000	0,899
Entnahmen im Monat 02-2023	67 450	
Zukäufe im Monat 02-2023	60 000	0,845
Entnahmen im Monat 03-2023	71 610	
Zukäufe im Monat 03-2023	75 000	0,775

Die Fuhrparkflotte legte (bei einem Beschäftigungsgrad von 80 %) im 1. Quartal 2023 insgesamt 504 000 Last- und 15 000 Leerkilometer zurück.

Für die statistische Auswertung der Daten sollen folgende Größen ermittelt werden:

a) Durchschnittlicher Kraftstoffverbrauch der Fahrzeuge in Litern je 100 km
(Auf 2 Nachkommastellen runden.)

b) Durchschnittlicher Literpreis der Kraftstoffzukäufe im 1. Quartal
(Auf 3 Nachkommastellen runden.)

c) Durchschnittlicher Kraftstoffbestand je Monat
(Auf 2 Nachkommastellen runden.)

d) Höhe des Kraftstoffverbrauchs für gefahrene Leerkilometer
(Auf eine Nachkommastelle runden.)

e) Höhe des Kraftstoffverbrauchs bei Vollbeschäftigung
(Auf eine Nachkommastelle runden.)

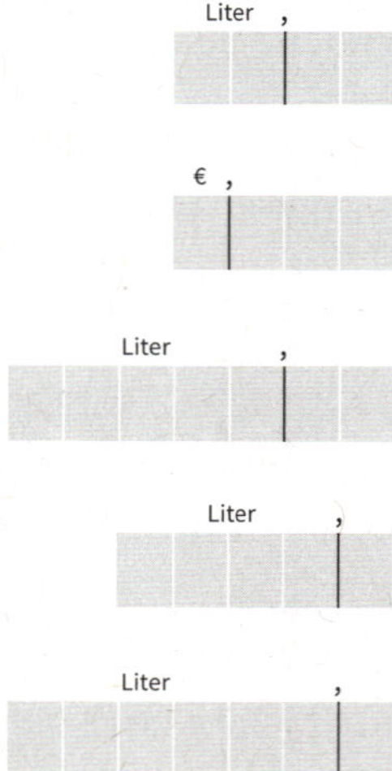

Statistik 3.07

Statistik III Grafische Darstellung der Erlös- und Kostensituation

Die folgende Grafik zeigt die Kosten- und Erlössituation des betrieblichen Fuhrparks eines mittelständischen Transportunternehmens in der Gesamtbetrachtung:

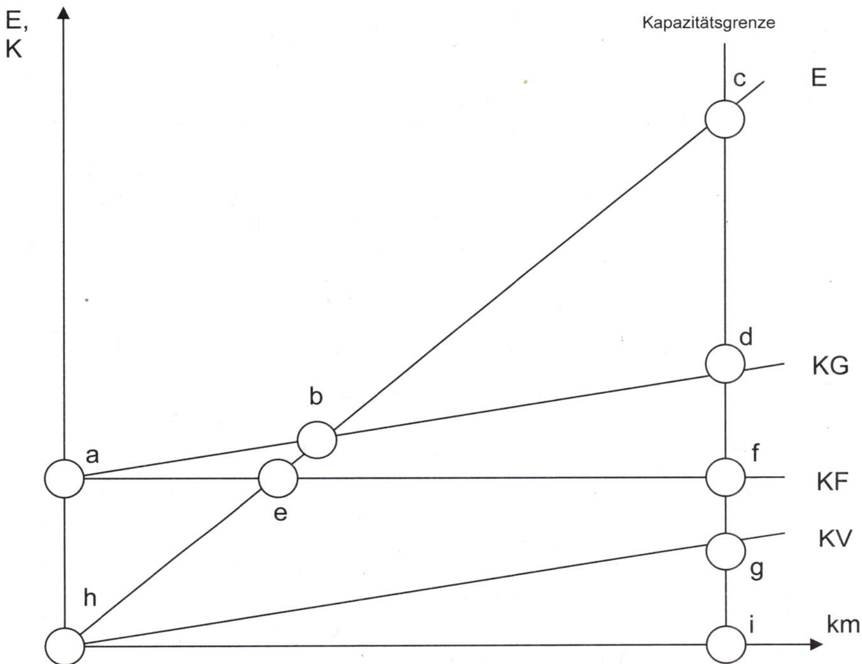

E = Erlöse
K = Kosten
KF = Fixe Gesamtkosten
KV = Variable Gesamtkosten
KG = Gesamtkosten
km = Jahresleistung (in km)

Durch welche **Flächen** werden folgende Größen dargestellt:

a) Gewinnzone (bei Vollkostendeckung) zu a)

b) Gewinnzone (bei Teilkostendeckung) zu b)

Durch welche **Punkte** werden folgende Größen abgebildet:

c) Break-even-Point zu c)

d) Deckungsbeitrag ist gleich Null zu d)

Durch welche **Strecken** werden folgende Größen markiert:

e) Gewinnmaximum (bei Vollkostendeckung) zu e)

f) Gewinnmaximum (bei Teilkostendeckung) zu f)

g) Verlustmaximum zu g)

3.08 Fallstudie zum Thema: Controlling

Situation:

Dem Rechnungswesen der Claus ÖTTINGER e. K., Internationale Spedition, Mülheim a. d. Ruhr, sind für das Berichtsjahr folgende Angaben zu entnehmen:

Konto	Bezeichnung	Betrag in Tsd. €
20	Außerordentliche Aufwendungen	32
21	Betriebs- und periodenfremde Aufwendungen	118
22	Zinsaufwendungen	51
247	Bilanzmäßige Abschreibungen	966
249	Wagnisse	150
25	Außerordentliche Erträge	1.880
26	Betriebs- und periodenfremde Erträge	150
40	Lohn- und Lohnnebenkosten	1.450
41	Gehalts- und Gehaltsnebenkosten	4.688
42	Fuhrparkkosten	433
44	Verwaltungskosten	212
45	Sonstige Steuern, Versicherungen	145
46	Unternehmenskosten	540
70	Internationale Spedition	1.950
74	Kraftwagenspedition	6.755
75	Bahnspedition	1.050
80	Internationale Spedition	5.200
84	Kraftwagenspedition	11.675
85	Bahnspedition	1.060
	Weitere Angaben:	
	Kalk. Abschreibungen	457
	Kalk. Zinsen	198
	Kalk. Unternehmerlohn	104
	Kalk. Wagnisse	60
	Kalk. Miete	88

Fallstudie zum Thema: Controlling 3.08

Bilanz der Claus ÖTTINGER e. K., Internationale Spedition, Mülheim a. d. Ruhr, zum 31.12. des Berichtsjahres			
Aktiva	Werte in Tsd. €	**Passiva**	Werte in Tsd. €
A. Anlagevermögen		**A. Eigenkapital** (1)	5.342
Sachanlagen		**B. Rückstellungen** (2)	395
1. Bebaute Grundstücke	3.280	**C. Fremdkapital**	
2. Technische Anlagen	560	I. Hypothekendarlehen	2.600
3. Fuhrpark	4.560	II. Darlehen	1.410
4. Betriebs- und Geschäftsausstattung	1.080	III. Verbindlichkeiten gegenüber Kreditinstituten (3)	610
B. Umlaufvermögen		IV. Verbindlichkeiten a. LL	1.410
I. Vorräte an Reifen, Kraft- und Schmierstoffen	160	V. Verbindlichkeiten gegenüber Finanzbehörden	650
II. Darlehensforderungen gegenüber Geschäftsfreunden (4)	220	VI. Verbindlichkeiten gegenüber Sozialversicherungsträgern	785
III. Forderungen a. LL	1.940	VII. Umsatzsteuerzahllast	108
IV. Wertpapiere (5)	965		
V. Kasse, Bankguthaben	545		
Bilanzsumme:	13.310		13.310

Erläuterungen zu einzelnen Bilanzpositionen:

(1) Im Berichtsjahr wurden weder Privatentnahmen noch -einlagen getätigt.

(2) Die Rückstellungen sind zu 70 % langfristiger Natur. Im Berichtsjahr wurden keine neuen Rückstellungen gebildet.

(3) Inanspruchnahme der 90-Tage-Kreditlinie (Kontokorrentkredit)

(4) Restlaufzeit über 4 Jahre

(5) Täglich fällige Wertpapiere

3.08 Fallstudie zum Thema: Controlling

ÖTTINGER beauftragt Sie als Mitarbeiter/-in der Abteilung „Betriebswirtschaft und Controlling“ mit folgenden

Aufgaben:

1. Ermitteln Sie (unter Verwendung der Anlage auf der übernächsten Seite) das Ergebnis:
- der Unternehmung (Gesamtergebnis)
- der unternehmensbezogenen Abgrenzungen
- der kostenrechnerischen Korrekturen
- des Betriebes (Betriebsergebnis)

2. Wie hoch ist der Rohertrag der Abteilung Kraftwagenspedition (in %)?

3. Spediteur ÖTTINGER beantragt bei seiner Hausbank einen Betriebsmittelkredit i. H. v. 1,2 Mio. €. Dazu gewährt er der Bank auch Einsicht in seine Abgrenzungsrechnung.

Die Bank lehnt den Kreditantrag mit folgenden Begründungen ab:

3.1 Erfolge im Kerngeschäft sind derzeit nicht zu sehen. Zwar beträgt der Rohertrag im Speditionsgeschäft 8,18 Mio. €, die Wirtschaftlichkeit des Betriebes (Quotient aus Leistungen und Kosten) liegt dagegen bei 0,99 und ist damit nicht gegeben.

3.2 In vergangenen Rechnungsperioden müssen die Kosten für Fremdkapital wohl recht hoch gewesen sein.

3.3 Der kalkulierte Unternehmerlohn ist viel zu hoch.

3.4 Das Unternehmensergebnis ist zu einem Großteil durch Erträge beeinflusst worden, die zwar unternehmens-, aber nicht betriebsbezogen waren.

Nehmen Sie zu den Behauptungen 3.1 bis 3.4 Stellung und empfehlen Sie dem Spediteur **2** geeignete Maßnahmen zur Verbesserung seiner Kreditwürdigkeit im Bereich Betriebsmittelkreditvergabe.

Fallstudie zum Thema: Controlling 3.08

4. Ermitteln Sie folgende Kennziffern (auf **2 Nachkommastellen** gerundet):

4.1 Anlagenintensität

4.2 Forderungsintensität (Intensität der kurzfristigen Außenstände)

4.3 Eigenkapitalquote

4.4 Anlagendeckungsgrade I und II

4.5 Liquiditätsgrade I und II (Bar- und einzugsbedingte Liquidität)

4.6 Eigenkapitalrentabilität (Eigenkapitalrendite) des am Jahresanfang vorhandenen Eigenkapitals

4.7 Gesamtkapitalrentabilität (Gesamtkapitalrendite) bei einem durchschnittlichen Fremdkapital von 7 Mio. € und bezogen auf das am Jahresanfang vorhandene Eigenkapital

4.8 Cashflow

4.9 Cashflow-Umsatzverdienstrate

5. Nennen Sie **2** Maßnahmen, die Liquidität des Unternehmens zu verbessern.

6. Beurteilen Sie die ermittelte Eigenkapitalrentabilität (Eigenkapitalrendite) vor dem Hintergrund des aktuellen Zinsniveaus für langfristige Kapitalanlagen.

7. Bei welchem Kilometer fährt ein Lastzug der Spedition in die Gewinnzone, wenn von 84.800,00 € fixen Einsatzkosten, einem km-Satz von 0,96 € und einem Gewinnaufschlag von 5 % auf die Selbstkosten ausgegangen wird? Die Jahresfahrleistung des Lastzuges liegt bei 120 000 km.

3.08 Fallstudie zum Thema: Controlling

Anlage zu 3.08

Ergebnistabelle (Werte in Tsd. €)								
Geschäftsbuchführung (RK I)			Abgrenzungsbereich				KLR (RK II)	
Unternehmensergebnis			Unternehmensbezogene Abgrenzungen		Kostenrechnerische Korrekturen		Betriebsergebnis	
Konto	Aufwand	Ertrag	Aufwand	Ertrag	Aufwand lt. RK I	Verrechnete Kosten	Kosten	Leistungen
20								
21								
22								
247								
249								
25								
26								
40								
41								
42								
44								
45								
46								
70								
74								
75								
80								
84								
85								
Kalk. Miete								
Kalk. U-Lohn								
Summen								
Salden								
Summen								

Aus dem bewegten Leben eines Nutzfahrzeugs 3.09

(Von der Anschaffung bis zum Ersatzzeitpunkt – Eine Fallbetrachtung)

↓	**Vor der Anschaffung**	**1**	**Wir erweitern unseren Fuhrpark.** Vor der Anschaffung
		1.1	**Bei welchem Händler wollen wir das Fahrzeug kaufen?** Angebotsvergleich
		1.2	**Gibt es andere Möglichkeiten den LKW zu finanzieren?** Finanzierungsalternativen
	Kauf	**2**	**Wir kaufen und bekommen eine Rechnung.** Anschaffung und Buchung der Eingangsrechnung
	Finanzierung	**3**	**Wir wollen beim Bezahlen sparen.** Ausgleich der Eingangsrechnung unter Skontoabzug
		4	**Wir machen Schulden, um früh zahlen zu können. Lohnt sich das?** Finanzierung des vorzeitigen Rechnungsausgleichs durch Inanspruchnahme eines Kontokorrentkredites
	Nutzung, Kosten und Erlöse	**5**	**Was kostet uns der Unterhalt des LKW?** Laufende Kosten
		6	**Wie gehen wir mit Wertminderungen um?** Bilanzmäßige Abschreibung
		7	**Wie ist das mit den Kosten und den Preisen?** Angebotskalkulation von Transportleistungen im Selbsteintritt
		7.1	**Wir kalkulieren.** Fahrzeugkostenkalkulation
		7.2	**Was kostet der Kilometer, was ein Einsatztag?** Berechnung der Selbstkosten anhand des Kilometer- und Tagessatzes
		7.3	**Was kosten 100 kg?** Berechnung der Selbstkosten anhand von Frachtsätzen je 100 kg
		7.4	**Wir erstellen eine Preistabelle.** Erstellen einer Preisliste – Kundensätze – auf der Basis von 100 kg-Sätzen
		7.5	**Wie viel Spielraum bleibt uns beim Preis?** Preisuntergrenzen und Deckungsbeitrag
		8	**Ab welchem Kilometer schreiben wir Gewinne?** Gewinnschwelle (Break-even-Point)
	Verkauf	**9**	**Wir verkaufen den LKW.** Inzahlungnahme des Nutzfahrzeugs am Ende der Nutzungsdauer

3.09 Aus dem bewegten Leben eines Nutzfahrzeugs

(Von der Anschaffung bis zum Ersatzzeitpunkt – Eine Fallbetrachtung)

1. Vor der Anschaffung

Die SPEDAIX GmbH beabsichtigt die Anschaffung eines weiteren Nutzfahrzeuges, um die Nahverkehrsleistungen im Selbsteintritt auszubauen. Das Fahrzeug soll vom Händler beim Hersteller abgeholt und zugelassen werden. Da das Fahrzeug optional im Fernverkehr eingesetzt werden kann, soll eine Fahrerkabine eingebaut und außerdem das Firmenlogo der SPEDAIX GmbH auflackiert werden.

1.1 Angebotsvergleich

Der Geschäftsführer, Herr Aixner, holt zu diesem Zweck Ende Februar 2022 drei Angebote von ortsnahen Firmen ein, die den gewünschten LKW-Typ NVF (EEV) (Nahverkehrsfahrzeug mit Kofferaufbau, Abgasnorm EEV = Enhanced Environmentally Friendly Vehicle) beschaffen können.

Ermitteln Sie das Angebot mit den günstigsten Anschaffungskosten.

Angebote im Vergleich

Anbieter → **Angebotsinhalte ↓**	**Autohaus Wagner & Co. KG Aachen**	**NUFA GmbH Neu- und Gebrauchtfahrzeuge Stolberg**	**J. Schwartz e. K. Nutzfahrzeuge Eschweiler**
LKW Typ NVF (EEV) Händler-Listenpreis (HLP) netto	68.000,00 €	62.400,00 €	64.000,00 €
Preisnachlässe	15 % Rabatt vom HLP	10 % Rabatt vom HLP	10 % Rabatt vom HLP
Überführung (vom Hersteller zum Händler)	400,00 € (Zulassung extra)	600,00 € (Zulassung extra)	680,00 € (inkl. Zulassung)
Sonderleistungen (Einbau einer Fahrerkabine, Lackierung Firmenlogo)	Festpreis 4.000,00 €	Festpreis 4.880,00 €	3.868,00 € Kabine, 245,00 € für die Lackierung
Skonto/Skontofrist/ Zahlungsziel:	2,5 % vom Netto-Rechnungsbetrag/ 10 Tage/ 30 Tage	2 % vom Netto-Rechnungsbetrag/ 10 Tage/ 30 Tage	3 % vom Rechnungsbetrag/ 10 Tage/ 30 Tage
Sonstige Informationen über den Anbieter:	Unbekannter Anbieter	Gute Werkstatt, Lieferservice zufriedenstellend	Langjähriger Geschäftspartner, zuverlässig und kulant, Werkstatt fast immer ausgebucht

Aus dem bewegten Leben eines Nutzfahrzeugs 3.09

(Von der Anschaffung bis zum Ersatzzeitpunkt – Eine Fallbetrachtung)

1.2 Finanzierungsalternativen (ungebundene Aufgabe)

Im Fall der SPEDAIX GmbH wird zwar davon ausgegangen, dass es sich bei der Finanzierung des LKW-Kaufs lediglich um einen kurzfristigen Liquiditätsengpass handelt, der mit dem Kontokorrentkredit abgedeckt werden kann (ein kurzzeitiger Ausgleich dieses Kredites wird dabei unterstellt), alternativ aber kann der LKW als langfristiges Investitionsgut auch über einen mehrere Jahre laufenden Bankkredit oder durch Leasing finanziert werden.

Folgende Angebote stehen zum Vergleich:

Angebot von der Hausbank der SPEDAIX GmbH

Kreditsumme:	70.000,00 €
Kreditzins:	6,0 %
Tilgung:	jährlich
Laufzeit:	4 Jahre

Die Zins- und Tilgungszahlungen erfolgen jeweils zum Jahresende.

Angebot der Fahrzeug-Leasing GmbH & Co. KG

Grundmietzeit:	5 Jahre
Leasingrate:	1,6 % monatlich

Nach Ablauf der Grundmietzeit Verlängerung um weitere 3 Jahre

Jahresmiete:	9,25 %

Geht man der Einfachheit halber von 70.000,00 € Anschaffungskosten und einer linearen Abschreibung über 8 Jahre aus, kann die unterschiedliche Aufwands- und Liquiditätsbelastung bei beiden Finanzierungsformen mittels folgender Tabelle dargestellt werden.

Ergänzen Sie diese Tabelle. Tragen Sie die fehlenden Werte in die grau unterlegten Felder der Tabelle ein.

3.09 Aus dem bewegten Leben eines Nutzfahrzeugs

(Von der Anschaffung bis zum Ersatzzeitpunkt – Eine Fallbetrachtung)

Vergleich zwischen Kreditfinanzierung und Leasing am Beispiel eines LKW (Anschaffungskosten 70.000,00 €, 8 Jahre lineare Abschreibung)

Werte in Euro

Kreditfinanzierung						Leasing
Jahr	Zinsen	Tilgung	Ausgabe (Liquiditätsabfluss)	Abschreibung	Gesamtaufwand (Zinsen und Abschreibung	Ausgabe = Aufwand
1	**4.200**	**17.500**	**21.700**	**8.750**	**12.950**	**13.440**
2						
3						
4						
5						
6						
7						
8						
Summe						

2. Anschaffung und Buchung der Eingangsrechnung

Herr Aixner entscheidet sich (unabhängig vom Ausgang des Angebotsvergleichs) für den Kauf des LKW beim Händler J. Schwartz aus Eschweiler. Im Kaufvertrag vom 01.03.2022 vereinbart man die gewünschten Zusatzleistungen und die Lieferung des Fahrzeuges für Mitte März. Der Kraftstofftank soll mit 180 l Kraftstoff befüllt werden. Am 12.03.2022 wird der LKW der SPEDAIX GmbH mit der Rechnung **(siehe Anlage 1 auf der nächsten Seite)** übergeben.

Prüfen Sie die sachliche und rechnerische Richtigkeit der Rechnung.

2.1 Ermitteln Sie die Höhe der Anschaffungskosten für dieses Fahrzeug.

2.2 Buchen Sie die Eingangsrechnung (ungebundene Aufgabe). Bedienen Sie sich der im Kontenplan der SPEDAIX GmbH aufgeführten Konten **(siehe Anlage 2 auf der übernächsten Seite)**.

Konto-Nr.	€-Betrag im Soll	€-Betrag im Haben

Aus dem bewegten Leben eines Nutzfahrzeugs 3.09

(Von der Anschaffung bis zum Ersatzzeitpunkt – Eine Fallbetrachtung)

Anlage 1

J. Schwartz e.K.
Nutzfahrzeuge
Quellstraße 80
D-52249 Eschweiler
Telefon: +49 (0) 2403 3435780
USt-Id-Nr.: DE 132466231
Steuer-Nr.: 225/5797/1126

SPEDAIX GmbH
Herrn Aixner
Debyestraße 200
52078 Aachen

Eschweiler, 12. März 2022

Rechnung Nr.: 222/0227

Sehr geehrte Herr Aixner,

heute liefere ich Ihnen das bestellte Nutzfahrzeug. Für Ihren Auftrag bedanke ich mich und berechne für meine Leistungen:

Datum	Einheit	Leistung	Einzelpreis (Euro)	Gesamtpreis (Euro)
01.03.2022	1	LKW, Bauart NVF (EEV) lt. V-Liste	64.000,00	64.000,00
	10 %	Rabatt	6.400,00	(-) 6.400,00
10.03.2022	1	Überführung/Zulassung	680,00	680,00
10.03.2022	1	Einbau Fahrerkabine	3.868,00	3.868,00
11.03.2022	1	Lackierung Firmenlogo	245,00	245,00
	180 l	Tankfüllung Kraftstoff	1,00	180,00
		Rechnungsbetrag (netto)		**62.573,00**
		19 % Umsatzsteuer		**11.888,87**
		Rechnungsbetrag (brutto)		**74.461,87**

Die Rechnung ist zahlbar innerhalb von 10 Tagen mit 3 % Skonto oder innerhalb von 30 Tagen netto Kasse.

Bitte überweisen Sie den Rechnungsbetrag auf mein Konto bei der Sparkasse Aachen (BIC AACSDE33), IBAN DE33 3905 0000 5774 7640 00.

Mit freundlichen Grüßen

Josef Schwartz

3.09 Aus dem bewegten Leben eines Nutzfahrzeugs

(Von der Anschaffung bis zum Ersatzzeitpunkt – Eine Fallbetrachtung)

Anlage 2

Kontenplan der SPEDAIX GmbH (Auszug):

Konto Nr.	Konto (Bezeichnung)
0220	Fuhrpark
1000	Kasse
1020	Bank
1457	Vorsteuer (VSt)
1600	Verbindlichkeiten aus Lieferungen und Leistungen (VaLL)
1669	Umsatzsteuer (USt)
2400	Abgänge aus Anlageverkäufen
2470	Bilanzmäßige Abschreibungen
2880	Erträge aus Anlageverkäufen
3000	Treib- und Schmierstoffe
3010	Reifen
3020	Ersatzteile und Werkstattmaterialien
4200	Treibstoff- und Schmierstoffverbrauch
4210	Reifenverbrauch
4220	Ersatz- und Reparaturmaterialverbrauch
4230	Reparaturen fremder Werkstätten
4240	Kfz-Versicherung
4250	Kfz-Steuern
4280	Treibstoffverbrauch fremde Tankstellen

Aus dem bewegten Leben eines Nutzfahrzeugs 3.09

(Von der Anschaffung bis zum Ersatzzeitpunkt – Eine Fallbetrachtung)

3. Ausgleich der Eingangsrechnung unter Skontoabzug

Die SPEDAIX GmbH möchte die Rechnung des Autohändlers vorzeitig ausgleichen, um Skonto auszunutzen. Mit der Skontierung der Rechnung verzichtet die SPEDAIX GmbH auf die Inanspruchnahme des Lieferantenkredits. Wie teuer dieser Kredit ist, macht sich Herr Aixner dadurch klar, indem er den Skontosatz auf ein Jahr hochrechnet.

3.1 Wie hoch ist der Jahresskontosatz?

3.2 Berechnen Sie den Skontobetrag a) und den Überweisungsbetrag b) für den Fall, dass die Rechnung am Ende der Skontofrist durch Banküberweisung ausgeglichen wird.

3.3 Buchen Sie den vorzeitigen Ausgleich der Rechnung (Nettomethode).

Konto-Nr.	€-Betrag im Soll	€-Betrag im Haben

4. Finanzierung des vorzeitigen Rechnungsausgleichs durch Inanspruchnahme eines Kontokorrentkredites

Um den teuren Lieferantenkredit nicht in Anspruch nehmen zu müssen, sieht sich die SPEDAIX GmbH gezwungen, die bei ihrer Hausbank eingeräumte Kreditlinie des Geschäftskontos (den Kontokorrentkredit) auszuschöpfen. Die Bank berechnet dafür 8 % Zinsen.

4.1 Berechnen Sie die Kreditkosten für die Beanspruchung des Kontokorrentkredites.

4.2 Über wie viel Euro lautet der Finanzierungserfolg, der sich aus der Skontierung trotz Kreditfinanzierung ergibt?

4.3 Welchem Effektivzinssatz entspricht dieser Finanzierungserfolg?

4.4 Welcher Effektivzinssatz ergäbe sich, wenn der LKW-Kauf ausschließlich mit eigenen liquiden Mitteln finanziert worden wäre?

4.5 Bei welcher Laufzeit (bei Inanspruchnahme) des Kontokorrentkredites wäre der Finanzierungserfolg gleich Null?

3.09 Aus dem bewegten Leben eines Nutzfahrzeugs

(Von der Anschaffung bis zum Ersatzzeitpunkt – Eine Fallbetrachtung)

5. Laufende Kosten (ungebundene Aufgabe)

Während der betrieblichen Nutzungsdauer des LKW wiederholen sich zahlreiche Geschäftsfälle. Folgende Fälle stehen repräsentativ dafür:

Fall 1:
Der LKW-Fahrer betankt das Fahrzeug an der Betriebstankstelle mit 150 Litern Kraftstoff im Wert von 120,00 €.

Fall 2:
Dem Fahrzeug werden Reifen aufgezogen, die dem Vorratslager der SPEDAIX GmbH entnommen werden, Wert 1.320,00 €.

Fall 3:
Der LKW-Fahrer tankt an der Autobahn auf einem Autohof 220 Liter Kraftstoff und erhält eine Quittung über 267,58 €.

Fall 4:
In der Verwaltung der SPEDAIX GmbH werden die Lastschriftanzeigen für Kfz-Versicherungsprämien 4.240,00 € sowie Kfz-Steuer 489,60 € gebucht.

Fall 5:
In der betriebseigenen Werkstatt der SPEDAIX GmbH werden anlässlich einer Reparatur Ersatzteile im Wert von 922,40 € eingearbeitet, die dem Lagerbestand entnommen wurden.

Buchen Sie die Fälle 1 bis 5. Bedienen Sie sich der im Kontenplan der SPEDAIX GmbH aufgeführten Konten **(siehe Anlage 2 auf der vorhergehenden Seite)**.

Aus dem bewegten Leben eines Nutzfahrzeugs 3.09

(Von der Anschaffung bis zum Ersatzzeitpunkt – Eine Fallbetrachtung)

Buchung Fall 1:

Konto-Nr.	€-Betrag im Soll	€-Betrag im Haben

Buchung Fall 2:

Konto-Nr.	€-Betrag im Soll	€-Betrag im Haben

Buchung Fall 3:

Konto-Nr.	€-Betrag im Soll	€-Betrag im Haben

Buchung Fall 4:

Konto-Nr.	€-Betrag im Soll	€-Betrag im Haben

Buchung Fall 5:

Konto-Nr.	€-Betrag im Soll	€-Betrag im Haben

3.09 Aus dem bewegten Leben eines Nutzfahrzeugs

(Von der Anschaffung bis zum Ersatzzeitpunkt – Eine Fallbetrachtung)

6. Angebotskalkulation von Transportleistungen im Selbsteintritt

In der SPEDAIX GmbH werden für den LKW NVF (EEV) folgende Daten dargestellt:

Technische Daten/Einsatzdaten

Zeile	Daten	Werte	Einheit/Bezugsgröße
01	Gesamtgewicht (zGG)	14 990	kg
02	Nutzlast	7 000	kg
03	Motorleistung	240	kw
04	Hubraum	4 990	cm^3
05	Anzahl der Achsen	3	Stück
06	Anzahl der Reifen	6	Stück
07	Gesamtlaufleistung	800 000	km
08	Jahreslaufleistung	80 000	km
09	Reifenlaufleistung	100 000	km
10	Einsatztage pro Jahr (pro Tag 8 Std. Einsatz)	240	Tage
11	Kraftstoffverbrauch	14	l/100 km

Kapitalwerte/wirtschaftliche Basisdaten

Zeile	Daten	Werte	Einheit/Bezugsgröße
12	Kaufpreis netto (Anschaffungskosten)	60.521,21	€
13	Preis der Reifen (im Kaufpreis enthalten)	1.920,00	€
14	Wiederbeschaffungswert (ohne Reifen) netto	86.000,00	€
15	Restverkaufserlös (am Ende der ND) netto	5.000,00	€
16	Kraftstoffpreis netto	0,955	€/Liter
17	Umlaufvermögen	500,00	€/t (zGG)
18	Betriebsnotwendiges Vermögen	37.755,61	€
19	Kalk. Zinssatz	6,5	%/Jahr
20	Schmierstoffverbrauch	3,0	% vom Kraftstoff
21	Kfz-Haftpflichtversicherung	2.900,00	€/Jahr
22	Kfz-Kaskoversicherung (nur 1. u. 2. Jahr)	1.340,00	€/Jahr
23	Kfz-Steuer für EEV	489,60	€/Jahr
24	Verwaltungskosten	14,0	%
25	Reparaturen/Wartung	290,00	€/Monat
26	Garage	300,00	€/Quartal

Daten zum Fahrpersonal

Zeile	Daten	Werte	Einheit/Bezugsgröße
27	Fahrerlohn	22.400,00	€/Jahr
28	Gesetzlicher Sozialaufwand	4.870,00	€/Jahr
29	Freiwillige Sozialleistungen	1.600,00	€/Jahr
30	Spesen	1.800,00	€/Jahr
31	Personalfaktor	1,2	

Aus dem bewegten Leben eines Nutzfahrzeugs 3.09

(Von der Anschaffung bis zum Ersatzzeitpunkt – Eine Fallbetrachtung)

6.1 Fahrzeugkostenkalkulation (ungebundene Aufgabe)

Aus den vorliegenden Daten ist eine Fahrzeugkostenkalkulation zu entwickeln, bei der folgende Werte aufzubereiten sind (auf 2 Nachkommastellen runden):

Hinweise:

- Bei der kalk. Abschreibung soll die Wertminderung durch Abnutzung mit einem Anteil von 50 % berücksichtigt werden.
- Die Mautkosten bleiben unberücksichtigt bzw. werden als durchlaufender Posten behandelt.

Kostenrechnung:

Zeile Sp. 1	Variable Fahrzeugkosten Sp. 2	€/Jahr Sp. 3	ct/km Sp. 4	€/Tag Sp. 5
32	Abschreibung (Abnutzung)			
33	Reifenkosten			
34	Kraftstoffkosten			
35	Schmierstoffkosten			
36	Reparatur- und Wartungskosten			
37	km-abhängige Kosten			

Sp. = Spalte

Zeile	Fixe Fahrzeugkosten	€/Jahr	ct/km	€/Tag
38	Abschreibung (zeitabhängig)			
39	Kapitalverzinsung			
40	Kraftfahrzeugsteuer			
41	Haftpflichtversicherung			
42	Kaskoversicherung			
43	Garage			
44	Fixe Fahrzeugkosten			

3.09 Aus dem bewegten Leben eines Nutzfahrzeugs

(Von der Anschaffung bis zum Ersatzzeitpunkt – Eine Fallbetrachtung)

Zeile	Fahrpersonalkosten	€/Jahr	ct/km	€/Tag
45	Fahrerlohn			
46	Gesetzlicher Sozialaufwand			
47	Freiwillige Sozialleistungen			
48	Personalfaktor			
49	Spesen			
50	Fahrpersonalkosten			

51	Fahrzeugeinsatzkosten			
52	Verwaltungskosten			
53	Zeitabhängige (fixe) Kosten			
54	Fahrzeugkosten (insgesamt)			

Auswertung der Kostenrechnung

Zeile Sp. 1	Sp. 2	€/Jahr Sp. 3	€/km Sp. 4	€/Tag Sp. 5	in Prozent Sp. 6
55	km-abhängige Kosten				
56	Fixe Fahrzeugkosten				
57	Fahrpersonalkosten				
58	Fahrzeugeinsatzkosten				
59	Gemeinkosten (Verwaltungskosten)				
60	Zeitabhängige (fixe) Kosten				
61	Fahrzeugkosten (insgesamt)				

Sp. = Spalte

Aus dem bewegten Leben eines Nutzfahrzeugs 3.09

(Von der Anschaffung bis zum Ersatzzeitpunkt – Eine Fallbetrachtung)

6.2 Berechnung der Selbstkosten anhand des Kilometer- und Tagessatzes

Ermitteln Sie mit Hilfe der Auswertungstabelle die Selbstkosten für folgende Nahverkehrstransporte (Rundlauf) am 21. Mai d. J.:

Beladeort 1	Entladeort 1	Beladeort 2	Entladeort 2	Rundlauf-entfernung in km	Zeitfenster in Std.
Aachen	Maastricht	Lüttich	Aachen	144,0	4,5

6.3 Berechnung der Selbstkosten anhand von Frachtsätzen je 100 kg (ungebundene Aufgabe)

Folgende Zusatzinformationen (aus dem Tourenplan) sollen berücksichtigt werden:

Datum: 21.05. d. J. Uhrzeit	Aktion	Strecke in km
08:00 – 08:30	**Auftrag 1** Beladen von 2,8 t Töpferware in Aachen-Brand für Garten-Center in Maastricht (NL)	
08:30 – 09:30	Fahrt von Aachen nach Maastricht (NL)	51
09:30 – 10:00	Entladen in Maastricht (NL)	
10:00 – 10.30	Leerfahrt von Maastricht (NL) nach Lüttich (B)	34
10:30 – 11:00	**Auftrag 2** Beladen von 1,7 t Gemüsekonserven in Lüttich für Supermarkt in Aachen	
11:00 – 12:00	Fahrt von Lüttich (B) nach Aachen	59
12:00 – 12:30	Entladen in Aachen	
4,5 Std.	Wegen diverser Baustellen und dem verzögerten Verkehrsfluss in den Stadt- und Gewerbegebieten wird von einer Durchschnittsgeschwindigkeit ausgegangen, die zwischen 50 km/h und 60 km/h liegt.	144

Berechnen Sie für beide Aufträge jeweils:

a) die anteiligen Selbstkosten (Gesamte Fahrzeugkosten),

b) den Frachtsatz (Selbstkostentarif) je 100 kg Beförderungsgewicht (Tabellenwerte in Euro auf **3 Nachkommastellen** runden).

Ergänzen Sie die fehlenden Berechnungen bzw. Werte in den grau unterlegten Feldern.

3.09 Aus dem bewegten Leben eines Nutzfahrzeugs

(Von der Anschaffung bis zum Ersatzzeitpunkt – Eine Fallbetrachtung)

Auftrag 1 (Aachen – Maastricht, 2,8 t, 51 km, 2 Std.)

Selbstkostentarife	Frachtsätze je 100 kg bei 51 km Entfernung	
	bei 2 800 kg	bei 7 000 kg (Vollauslastung)
Zeitabhängige Kosten bei 2-stündiger Einsatzzeit: …	…	0,853 €
Variable Fahrzeugkosten bei 51 km: …	…	0,182 €
Gesamte Fahrzeugkosten bei Auftrag 1: 72,448 € a)	… b)	1,035 €

Auftrag 2 (Lüttich – Aachen, 1,7 t, 59 km, 2 Std.)

Selbstkostentarife	Frachtsätze je 100 kg bei 59 km Entfernung	
	bei 1 700 kg	bei 7 000 kg (Vollauslastung)
Zeitabhängige Kosten bei 2-stündiger Einsatzzeit: …	…	0,853 €
Variable Fahrzeugkosten bei 59 km: …	…	0,211 €
Gesamte Fahrzeugkosten bei Auftrag 2: … a)	… b)	1,064 €

Leerfahrt (Maastricht – Lüttich, 34 km, ½ Std.)

Zeitabhängige Kosten bei ½ stündiger Fahrt:	$\frac{238{,}79\ € \cdot 0{,}5\ \text{Std.}}{8\ \text{Std.}}$ =	14,924 €
+ Variable Fahrzeugkosten bei 34 km:	34 km à 0,25 € =	8,500 €
= Gesamte Fahrzeugkosten der Leerfahrt:		23,424 €

Aus dem bewegten Leben eines Nutzfahrzeugs 3.09

(Von der Anschaffung bis zum Ersatzzeitpunkt – Eine Fallbetrachtung)

6.4 Erstellen einer Preistabelle (Kundensätze) auf der Basis von 100 kg-Sätzen
(ungebundene Aufgabe)

Frau Schlösser aus der Buchhaltung soll für bestimmte Kunden (B-Kunden), deren Sendungsaufkommen im Nahbereich zwischen 3,0 t und 7,0 t liegt, eine Preisliste (Preisliste B) nach folgendem Muster erstellen:

Preisliste B	**Frachtsätze je 100 kg** bei einer Beförderungsmenge bis zu …				
Entfernungen in km bis …	3 000 kg	4 000 kg	5 000 kg	6 000 kg	7 000 kg
50					
100					
150					
200					
250					
300					
350					

Folgende Kalkulationsvorgaben sind zu beachten:

- Der Tagessatz ist wie folgt zu staffeln:

  Entfernungen bis 100 km ⅜ Tagessatz
  bis 150 km ½ Tagessatz
  bis 200 km ⅝ Tagessatz
  bis 250 km 6/8 Tagessatz
  bis 300 km ⅞ Tagessatz
  bis 350 km voller Tagessatz

- Die Tabelle enthält die Sätze, die sich aus den jeweiligen gesamten Fahrzeugkosten und einem Gewinnzuschlag von 5 % zusammensetzen.
- Die Zwischenergebnisse sind auf **3** und die Endergebnisse auf **2 Nachkommastellen** zu runden.

Berechnen Sie die Werte für die grau unterlegten Felder.

3.09 Aus dem bewegten Leben eines Nutzfahrzeugs

(Von der Anschaffung bis zum Ersatzzeitpunkt – Eine Fallbetrachtung)

6.5 Preisuntergrenzen und Deckungsbeitrag

Ein ortsansässiger Baumarkt (A-Kunde) fragt bei der SPEDAIX GmbH folgende Transportleistung an:

3,2 t Gartengeräte (palettiert)
Transportstrecke: 154 km
Einsatzzeit: 4,0 Std. (einschl. Be- und Entladen)

Bestimmen Sie für diesen Auftrag:

a) die kurzfristige Preisuntergrenze,

b) die langfristige Preisuntergrenze,

c) den Angebotspreis (netto) bei einem Gewinnzuschlagssatz von 5 %,

d) den Deckungsbeitrag bei einem Angebotspreis (netto) von 98,00 €,

e) den Angebotspreis nach der **Preisliste B** (s. Aufgabe 6.4).

Lösungen

Notizen

Fahrzeugkostenauswertung 1.01

a) **Die Tabellenwerte berechnen sich wie folgt:**

Die variablen Fahrzeugkosten bei einem km-Satz von 0,68 € betragen für eine Entfernung von 150 km:

0,68 €/km x 150 km = 102,00 €

Da sie für die Gewichtsstufe von 5 t = 5 000 kg anzusetzen sind, betragen sie für den 100 kg-Satz:

102,00 € : 50 = 2,04 €

Die fixen Fahrzeugkosten bei einem Tagessatz von 290,00 € fallen beschäftigungsunabhängig bzw. unabhängig von der Entfernung des Transportes an:

290,00 €/Tag : 50 = 5,80 €

Dieser fixe Betrag bleibt also bei allen Entfernungsstufen gleich.

Veränderung der Fahrzeugkosten		Frachtsätze je 100 kg (in €) bei 5 000 kg	
bei 150 km	variable	2,04	
	fixe	5,80	
	gesamte	7,84	
bei 250 km	variable	**3,40**	(0,68 €/km x 250 km) : 50
	fixe	**5,80**	290,00 €/Tag : 50
	gesamte	**9,20**	
bei 400 km	variable	**5,44**	(0,68 €/km x 400 km) : 50
	fixe	**5,80**	290,00 €/Tag : 50
	gesamte	**11,24**	

b) Berechnung der Fahrzeugkosten (FZK) je 100 kg bei 250 km Entfernung in der Gewichtsstufe von

ba) 10 t:

	1,70 €	variable FZK (0,68 €/km x 250 km) : 100
+	2,90 €	fixe FZK (290,00 €/Tag : 100)
=	4,60 €	gesamte FZK

€ , 4 6 0

1.01 Fahrzeugkostenauswertung

bb) 15 t:

	1,13 €	variable FZK (0,68 €/km x 250 km) : 150
+	1,93 €	fixe FZK (290,00 €/Tag: 150)
=	3,06 €	gesamte FZK

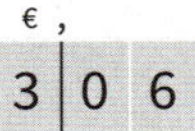

c) **Phänomen der Stückkostendegression:**

Je höher die Beförderungsmenge ist, desto geringer sind die Fahrzeugkosten je Stück (hier: je 100 kg). Bei einer konstanten Entfernung von 250 km sinken die variablen und fixen Fahrzeugkosten je 100 kg über die Zunahme der Beförderungsmenge. Nimmt hingegen die Entfernung bei konstanter Beförderungsmenge zu, steigen nur die beförderungsabhängigen variablen Fahrzeugkosten, die fixen bleiben gleich hoch (siehe Berechnungen und Tabellenwerte).

1.02 Preisstellung im Sammelgutverkehr

Kostenanteil für 420 kg (Aachen – Hannover)

	41,16 €	Abholkosten (9,80 € x 4,2)
+	20,29 €	Umschlag SA (4,83 € x 4,2)
+	9,07 €	Dispo-Kosten SA
+	18,00 €	Hauptlauf ((600,00 € : 140) x 4,2)
+	20,29 €	Umschlag SE (4,83 € x 4,2)
+	6,75 €	Dispo-Kosten SE
+	41,16 €	Zustellkosten (9,80 € x 4,2)
=	156,72 €	Gesamtkosten

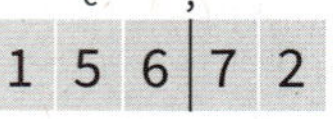

Die Dispo-Kosten sind sendungsfixe Kosten und fallen gewichtsunabhängig bei jeder Sendung an (bei der Aus- und Eingangsabfertigung durch den Versand- bzw. Empfangsspediteur).

Lager-ABC-Analyse 1.03

Artikel-Nr.	Menge x Preis	A-Güter		B-Güter		C-Güter	
		Wert in Tsd. €	Wert in %	Wert in Tsd. €	Wert in %	Wert in Tsd. €	Wert in %
544 Nagellack	38.025,00			38,025	14,0		
545 Lippenstift	75.000,00	75,0	27,7				
607 Gesichtspuder	71.600,00	71,6	26,4				
713 Fußcreme	17.765,00					17,765	6,6
715 Hautcreme	68.600,00	68,6	25,3				
Summe	270.990,00	215,2	**79,4**	38,025	**14,0**	17,765	**6,6**

Die Lippenstifte, der Gesichtspuder und die Hautcreme sind A-Güter. Sie stellen 79,4 % des Gesamtvolumens und sollten in unmittelbarer Nähe der Kommissionierzonen gelagert werden.

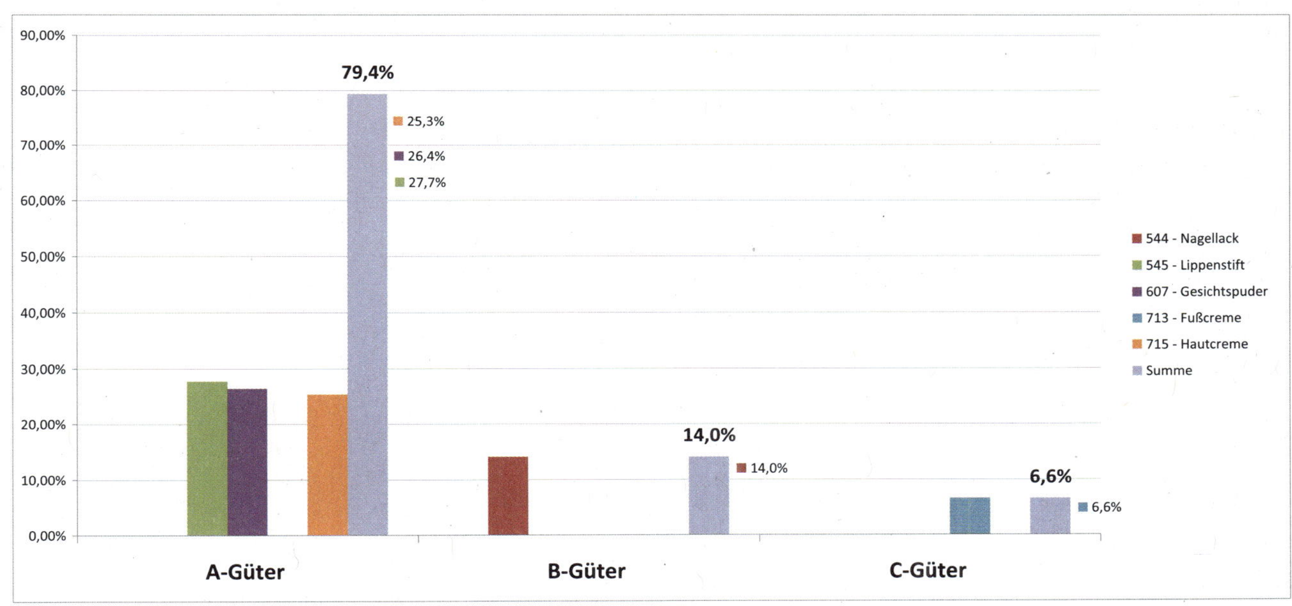

2.01 Kalkulatorische Kosten

€ 226500,00

a) **Die Grundkosten betragen 226.500,00 €.**

Die Grundkosten sind **aufwandsgleiche** Kosten. Sie werden in der Kosten- und Leistungsrechnung (sog. Rechnungskreis II) in gleicher Höhe angesetzt, wie sie als Aufwand in der Geschäftsbuchführung (sog. Rechnungskreis I) erfasst und gezahlt wurden. Hierzu zählen neben den Personalkosten, Kfz-Kosten auch die Kommunikationskosten, Mietkosten und weitere Betriebskosten.

€ 49000,00

b) **Die Anderskosten betragen 49.000,00 €.**

Die Anderskosten sind **aufwandsungleiche** Kosten. Sie gehen in anderer Höhe in die Kosten- und Leistungsrechnung (Rechnungskreis II) ein als sie in der Geschäftsbuchführung (Rechnungskreis I) als Aufwand gebucht wurden. Typische Beispiele sind Wagnisse, Zinsen und die Abschreibung. Anstatt der tatsächlich entstandenen Aufwendungen werden bei diesen kalk. Werten andere Kriterien (z. B. der langjährige Durchschnittswert eingetretener Wagnisse, der Durchschnittszinssatz der letzten 5 oder 10 Jahre, der Wiederbeschaffungswert und die betriebsübliche Nutzungsdauer usw.) für eine Verrechnung angesetzt.

€ 55000,00

c) **Die Zusatzkosten betragen 55.000,00 €.**

Die Zusatzkosten sind **aufwandslose** Kosten. Sie werden in der Geschäftsbuchführung (Rechnungskreis I) nicht erfasst, sondern zusätzlich in der Kosten- und Leistungsrechnung (Rechnungskreis II) angesetzt. Hierzu zählen der kalk. Unternehmerlohn und ggf. der kalk. Mietwert für die betriebliche Nutzung von Gebäuden, die sich im Privateigentum des Inhabers befinden. Diese Zusatzkosten finden sich in Einzel- oder Personengesellschaftsunternehmen, da hier die Inhaber bzw. Gesellschafter nicht auf der betrieblichen Gehaltsliste stehen bzw. das betrieblich genutzte Gebäude nicht zum Anlagevermögen des Betriebes gehört.

2.02 Abschreibung

Teil I Kalkulatorische Abschreibung

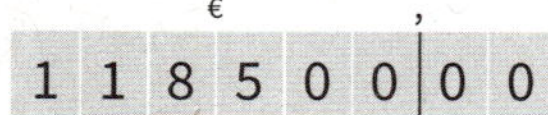

a) **Die Basis für die kalkulatorische Abschreibung beträgt 118.500,00 €.**

Die Angaben über den Anschaffungswert, den Wert der im Anschaffungswert enthaltenen Reifen sowie die Nutzungsdauer lt. AfA-Tabelle des Finanzamtes sind für die Bestimmung der Bemessungsgrundlage für eine kalk. Abschreibung irrelevant. Sie interessieren lediglich bei der Berechnung der Abschreibungsbasis für die bilanzmäßige Abschreibung. Die kalk. Abschreibung berechnet sich aus der Differenz zwischen dem Nettowiederbeschaffungswert (ohne die Reifen, da die Reifen kein Gebrauchs-, sondern ein Verbrauchsgut sind) und dem zu erwartenden Verkaufserlös des Altfahrzeuges am Ende der betrieblichen Nutzungsdauer:

	Wiederbeschaffungswert (netto)	123.000,00 €
–	Restverkaufspreis des Altfahrzeugs	4.500,00 €
=	Basis für die kalk. Abschreibung	118.500,00 €

Abschreibung 2.02

Teil I Kalkulatorische Abschreibung

b) **Die jährliche kalkulatorische Abschreibung beträgt 9.875,00 €.**

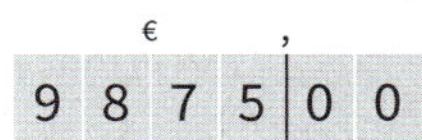

Die kalk. Abschreibung ist eine lineare Abschreibung, damit mit gleichbleibenden Beträgen kalkuliert werden kann und damit unnötige Preissprünge am Ende der betrieblichen Nutzungsdauer vermieden werden. Der Abschreibungsbetrag ergibt sich als Quotient aus der Abschreibungsbasis und der Anzahl der betriebsüblichen Nutzungsjahre:

$$\textbf{jährliche kalk. Abschreibung} = \frac{118.500{,}00\ €}{12\ \text{Jahre}} = \underline{\underline{9.875{,}00\ €}}$$

Teil II Bilanzmäßige und kalkulatorische Abschreibung

a) **Die in den Anschaffungskosten enthaltenen Nebenkosten betragen 61.600,00 €.**

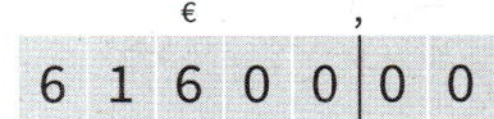

Grundsätzlich berechnen sich die Anschaffungskosten wie folgt:

	Anschaffungspreis/Listenpreis (AP)		176.000,00 €	
+	Anschaffungsnebenkosten (ANK)	+	?	
–	Anschaffungspreisminderungen (APM)	–	17.600,00 €	
=	Anschaffungskosten (AK) netto	=	?	(100 %)
+	Umsatzsteuer (19 %)	+	?	(19 %)
=	Anschaffungskosten (AK) brutto	=	261.800,00 €	(119 %)

	176.000,00 €	Listenpreis (netto)
–	17.600,00 €	Sonderrabatt (10 % vom Listenpreis) als APM
=	158.400,00 €	rabattierter Listenpreis (netto)

$$\text{AK (netto) in €} = \frac{\text{AK (brutto) in € x 100 \%}}{119\ \%}$$

119 % ≙ 261.800,00 € — Anschaffungskosten (brutto) einschließlich der Umsatzsteuer und der Anschaffungsnebenkosten (ANK)

100 % ≙ ? €

$$\frac{261.800{,}00\ € \text{ x } 100\ \%}{119\ \%} = 220.000{,}00\ €$$ Anschaffungskosten (netto) einschließlich der ANK

2.02 Abschreibung

Teil II Bilanzmäßige und kalkulatorische Abschreibung

	220.000,00 €	Anschaffungskosten (netto) einschließlich der ANK
–	158.400,00 €	Rabattierter Listenpreis (netto)
=	61.600,00 €	Anschaffungsnebenkosten

Probe:

	Anschaffungspreis/Listenpreis (AP)		176.000,00 €	
+	Anschaffungsnebenkosten (ANK)	+	61.600,00 €	
–	Anschaffungspreisminderungen (APM)	–	17.600,00 €	
=	Anschaffungskosten (AK) netto	=	220.000,00 €	
+	Umsatzsteuer (19 %)	+	41.800,00 €	(19 % von 220.000,00 €)
=	Anschaffungskosten (AK) brutto	=	261.800,00 €	

b) **Die bilanzmäßige Abschreibung im Anschaffungsjahr beträgt 25.208,33 €.** 25208,33

$$\text{Linearer AfA-Satz in \%} = \frac{100\ \%}{\text{Nutzungsdauer in Jahren}}$$

$$\frac{100\ \%}{8\ \text{Jahre}} = 12{,}5\ \%\ \text{linearer AfA-Satz}$$

Abschreibung 2.02

Teil II Bilanzmäßige und kalkulatorische Abschreibung

HINWEIS:

Degressive Absetzung für Abnutzung (AfA) in Abhängigkeit vom Zugangsjahr des (beweglichen) Anlagegutes

Für Investitionen in das bewegliche Anlagevermögen, die in der Zeit vom 01.01.2001 bis 31.12.2005 getätigt wurden, erlaubte der Gesetzgeber eine degressive Abschreibung in zweifacher Höhe des linearen Abschreibungssatzes, maximal jedoch 20 %. Bis 31.12.2003 konnten bewegliche Investitionsobjekte, die im ersten Halbjahr angeschafft wurden, mit dem vollen Jahresabschreibungsbetrag steuerlich abgesetzt werden. Fand der Zugang in der zweiten Jahreshälfte statt, konnte die halbe Jahresabschreibung geltend gemacht werden (sogenannte Halbjahresregel). Seit dem 01.01.2004 muss monatsgenau abgeschrieben werden.

Für Güter, die zwischen dem 01.01.2020 und 31.12.2022 angeschafft wurden, ist die degressive Abschreibung wieder zulässig.

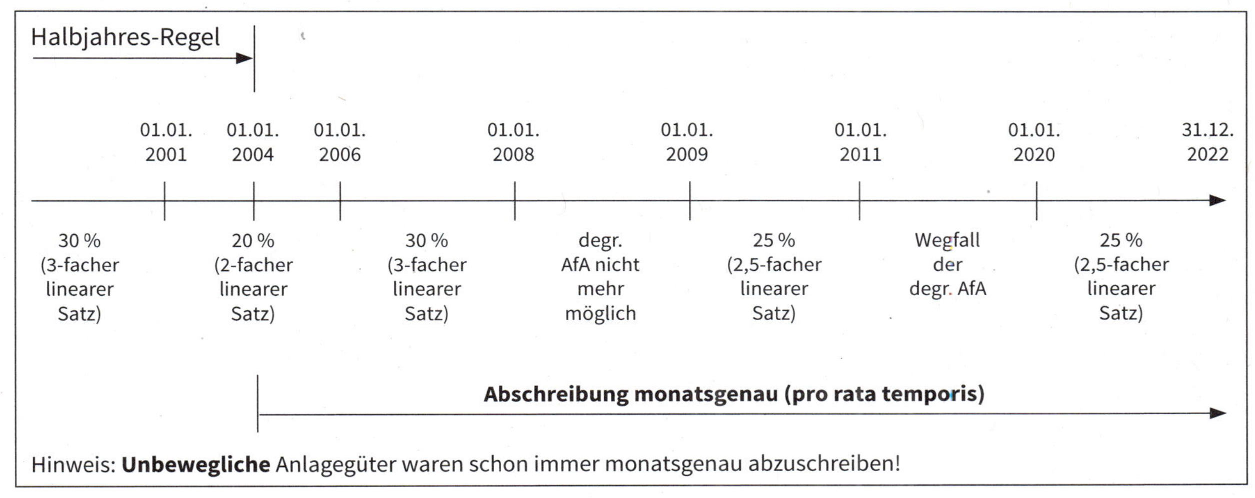

Die Basis für die bilanzmäßige Abschreibung sind die Anschaffungskosten (netto):

$$\text{AfA-Betrag im Jahr der Anschaffung in €} = \frac{\text{Anschaffungskosten (netto) in € x AfA-Satz in \%}}{100\ \%}$$

$$= \frac{220.000{,}00\ € \times 12{,}5\ \%}{100\ \%}$$ = 27.500,00 € AfA-Betrag für das **volle Jahr** 2017

$$\text{Zeitanteiliger AfA-Betrag in €} = \frac{\text{Jahres-AfA-Betrag in € x Anzahl der Nutzungsmonate}}{\text{12 Monate}}$$

$$= \frac{27.500{,}00\ € \times 11\ \text{Nutzungsmonate}}{12\ \text{Monate}}$$ = 25.208,33 € zeitanteilige AfA in 2017

2.02 Abschreibung

Teil II Bilanzmäßige und kalkulatorische Abschreibung

c) **Der Basiswert für die kalk. Abschreibung beträgt 236.755,00 €.**

€						,	
2	3	6	7	5	5	0	0

Hinweis:
Im Gegensatz zur gewinnorientierten bilanzmäßigen Abschreibung werden die **Reifen** des Fahrzeugs **nicht** mit **abgeschrieben**, da sie als **Verbrauchsgut** und nicht als Gebrauchsgut anzusehen sind.

Es ergibt sich folgende Rechnung:

	176.000,00 €	Listenpreis (netto)
–	5.280,00 €	Wert der Bereifung (netto)
	170.720,00 €	Listenpreis (netto) ohne Reifen
–	17.072,00 €	Sonderrabatt 10 %
	153.648,00 €	rabattierter Listenpreis (netto) ohne Reifen
+	61.600,00 €	Anschaffungsnebenkosten (siehe Lösung a)
	215.248,00 €	Anschaffungskosten (netto) ohne Reifen

Am Ende der betriebsgewöhnlichen Nutzung (Gesamtfahrleistung) muss das Fahrzeug durch ein neues ersetzt werden. Um die **verursachungsgerechten Kosten** des wiederzubeschaffenden Fahrzeugs (die Ersatzinvestition) für die Preiskalkulation zu erfassen, muss zunächst der Wiederbeschaffungswert des zu ersetzenden Wirtschaftsgutes berechnet werden. Geht man von einer Preissteigerung von 23 % (Faktor 1,23) aus (dies entspricht auf Sicht von 6 Jahren Nutzungsdauer einer jährlichen Preissteigerungsrate von ca. 3,5 %) ergibt sich der erwartete Wiederbeschaffungswert wie folgt:

Wiederbeschaffungswert in € = AK (netto) ohne Reifen in € x Preissteigerungsfaktor

215.248,00 € AK (netto) ohne Reifen x 1,23 = 264.755,04 €

Da am Ende der betriebsgewöhnlichen Nutzungsdauer für das Fahrzeug ein Restverkaufserlös von 28.000,00 € (netto) erwartet wird, ist der Wiederbeschaffungswert um diese Summe zu vermindern, d. h., die Abschreibung soll nur von dem Betrag berechnet werden, der für die Ersatzinvestition durch Umsatzprozesse erwirtschaftet werden muss:

	264.755,04 €	Wiederbeschaffungswert (netto)
–	28.000,00 €	Restverkaufserlös für Altfahrzeug (netto)
	236.755,04 €	Basisbetrag für die kalkulatorische Abschreibung

Auf volle € gerundet: 236.755,00 €

Abschreibung 2.02

Teil II Bilanzmäßige und kalkulatorische Abschreibung

d) **Der Prozentsatz für die kalkulatorische Abschreibung beträgt 16,67 %.**

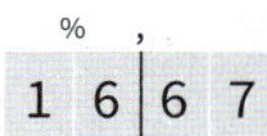

Da die geplante Gesamtfahrleistung für das Fahrzeug 864 000 km beträgt und von einer jährlichen Fahrleistung von 144 000 km ausgegangen wird, beträgt die betriebsgewöhnliche Nutzungsdauer 6 Jahre:

$$\text{betriebsgewöhnliche Nutzungsdauer in Jahren} = \frac{\text{geplante Gesamtfahrleistung in km}}{\text{Jahresfahrleistung in km}}$$

$$\frac{864\,000 \text{ km}}{144\,000 \text{ km}} = 6 \text{ Jahre}$$

Der Prozentsatz für die lineare Abschreibung ergibt sich dann wie folgt (vergleiche auch 1. Formel zu Lösung b)):

$$\text{linearer Abschreibungssatz in \%} = \frac{100\ \%}{\text{Nutzungsdauer in Jahren}}$$

$$\frac{100\ \%}{6 \text{ Jahre}} = 16{,}666 \approx \underline{\underline{16{,}67\ \%}} \text{ (das sind } 16\ {}^{2}/_{3}\ \%)$$

2.03 Kalkulatorische Zinsen

a) **Die Höhe der Eigenkapitalzinsen betrug 399.750,00 €.**

€						,	
3	9	9	7	5	0	0	0

Die kalk. Zinsen betragen 6,5 % von 6,15 Mio. €.

6.150.000 € / 100 x 6,5 = 399.750 €

b) **Das durchschnittlich gebundene Fremdkapital betrug 4,65 Mio. €.**

Mio €	,	
4	6	5

6 % – 279.000,00 €
100 % – ? €

$$\frac{279.000{,}00 \text{ € FK-Zinsen} \times 100\,\%}{6\,\%} = 4.650.000{,}00 = 4{,}65 \text{ Mio. €}$$

Kalkulatorischer Unternehmerlohn 2.04

Der kalkulatorische Unternehmerlohn beträgt 32.400,00 €.

€					,	
3	2	4	0	0	0	0

Die Bestimmung eines angemessenen kalk. Unternehmerlohnes ist in der Praxis nicht immer einfach. Einzelunternehmer bzw. geschäftsführende Gesellschafter einer Personengesellschaft (OHG-Gesellschafter oder KG-Komplementäre) arbeiten oft sehr umfangreich für ihre Unternehmung ohne ein Gehalt von dieser zu beziehen. Sie tätigen zur Bestreitung ihres Lebensunterhalts oft Privatentnahmen, die als Vorwegnahme des zu erwartenden Gewinnes am Jahresende zu sehen sind. Da sie kein reguläres Gehalt beziehen, möchten sie zumindest in der Kalkulation ein Äquivalent für ihre unternehmerische Tätigkeit einpflegen. Dies erscheint umso logischer, da ohne diese Tätigkeit ein Geschäftsführer angestellt werden müsste, der dann die Personalkosten (Grundkosten) belasten würde. Außerdem könnte der Inhaber ja auch andernorts mit seiner Arbeitsleistung ein privates Einkommen erzielen.

Der kalk. Unternehmerlohn zählt zu den **Zusatzkosten**, da ihm kein gebuchter Aufwand in der Geschäftsbuchführung gegenübersteht. Die Höhe des Unternehmerlohns könnte dem Gehalt eines Geschäftsführers vergleichbarer Unternehmen gleichgesetzt werden. Diese Informationen sind jedoch nicht ohne Weiteres verfügbar bzw. eignen sich nicht immer zum Vergleich. Die vor Jahrzehnten in der Seifenindustrie entwickelte Formel hat z. B. den Vorteil, dass durch die Wurzelfunktion die unternehmerische Leistung in stark degressiver Form aus dem betrieblichen Umsatzerfolg hergeleitet wird. Der Faktor 18 ist lediglich ein Multiplikator, der je nach Wirtschaftslage nach oben oder unten angepasst werden kann. Zum betrieblichen Umsatz zählen **nicht** die Zinserträge oder andere **nicht** über die Verfolgung des Sachziels (der speditionellen Geschäftstätigkeit) hinaus erzielten Erträge, wie z. B. die Erträge aus Anlageverkäufen, Wertpapiergeschäften oder aus periodenfremden Vorgängen.

Der **kalk. Unternehmerlohn** errechnet sich demnach wie folgt:

18 x $\sqrt{3.240.000{,}00\text{ €}}$ Speditionserlöse = $\underline{\underline{32.400{,}00\text{ €}}}$

2.05 Abgrenzungsrechnung

Die korrekt erstellte Ergebnistabelle hat folgendes Bild:

Abgrenzungsrechnung (Ergebnistabelle) der Spedition KOXX (Werte in Tsd. Euro)								
Geschäftsbuchführung (RK I)			Abgrenzungsbereich				Kosten- und Leistungsrechnung (RK II)	
Unternehmensergebnis			Unternehmens-bezogene Abgrenzungen		Kostenrechnerische Korrekturen		Betriebsergebnis	
Konto Nr	Aufwendungen	Erträge	Aufwendungen	Erträge	Aufwendungen lt. RK I	Verrechnete Kosten	Kosten	Leistungen
20	10		10					
22 (1)	90				90	190	190	
247 (2)	240				240	225	225	
249 (3)	20				20	25	25	
25		430		430				
40	180						180	
41	120						120	
42	80						80	
44	15						15	
45	25						25	
46	45						45	
74	200						200	
84		845						845
Kalk. UL						28	28	
Summen	1.025	1.275	10	430	350	468	1.133	845
Salden	250		420		118			288
Summen	1.275	1.275	430	430	468	468	1.133	1.133

Werte in Tsd. €

a) Das Unternehmensergebnis beträgt → + 250

b) Das Ergebnis aus den unternehmensbezogenen Abgrenzungen beträgt → + 420

c) Das Ergebnis aus den kostenrechnerischen Korrekturen beträgt → + 118

d) Das Betriebsergebnis beträgt → – 288

Abgrenzungsrechnung 2.05

Erläuterungen:

Die **außerordentlichen Aufwendungen** (Konto 20) und **Erträge** (Konto 25) **sind neutrale Aufwendungen bzw. Erträge**, die nicht in die Kosten- und Leistungsrechnung (KLR) übernommen werden. Ihr Entstehen hat nichts mit der periodengerechten und betriebstypischen Kosten- und Leistungsberechnung zu tun. Deshalb werden sie bei den unternehmensbezogenen Abgrenzungen „ausgefiltert".

Die Konten der Kontenklassen 4, 7 und 8 gehen als **Grundkosten** bzw. **betriebliche Erträge** in gleicher Höhe (aufwandsgleich) in die KLR ein.

Hinweis: Zur Erläuterung der Anders-, Grund- und Zusatzkosten siehe auch die Lösungshinweise zur Aufgabe 2.01 Kalk. Kosten.

(1) Die **Zinsaufwendungen** (Konto 22) gehen als aufwandsungleiche Kosten, als sog. **Anderskosten** in die KLR ein. Statt der tatsächlich gebuchten (und gezahlten) 90 Tsd. € wird in den Rechnungskreis II (KLR) ein Durchschnittswert von 190 Tsd. € (10 % des betriebsnotwendigen Kapitals i. H. v. 1.900 Tsd. €) eingepflegt (verrechnet).

(2) Die **Abschreibungen** (Konto 247) gehen ebenfalls als aufwandsungleiche Kosten, als sog. **Anderskosten** in die KLR ein. Da die bilanzmäßigen Abschreibungen anderen (gewinnsteueroptimierten) Kriterien unterstellt sind, werden sie ebenfalls in anderer Höhe in der KLR zum Ansatz gebracht. Die kalk. Abschreibung berechnet sich hier i. H. v. 15 % vom Wiederbeschaffungswert des Anlagevermögens i. H. v. 1.500 Tsd. €.

(3) Die im Referenzzeitraum eingetretenen **Wagnisse** (Konto 249) zählen ebenfalls zu den aufwandsungleichen Kosten, also zu den **Anderskosten**. Sie weichen hier in ihrer Höhe um -5 Tsd. € vom Durchschnittswert ab. Um die Kalkulation von Schwankungen freizuhalten, wird der langjährige Durchschnittswert (hier 25 Tsd. €) in der KLR zum Ansatz gebracht.

Der **kalk. Unternehmerlohn** zählt zu den aufwandslosen Kosten, den sog. **Zusatzkosten** und erscheint daher auch nicht bei den Aufwendungen in der Geschäftsbuchführung (RK I). Er wird im Rahmen der kostenrechnerischen Korrekturen in die KLR eingebracht.

Das **Unternehmensergebnis** als **Gegenüberstellung aller gebuchten Aufwendungen und Erträge** des Rechnungskreises I (Geschäftsbuchführung) fällt positiv aus und weist einen zu versteuernden Unternehmensgewinn von 250 Tsd. € aus.

Das **Betriebsergebnis** als **Gegenüberstellung von Grund-, Anders- sowie Zusatzkosten und** den **betrieblichen Leistungen** fällt hingegen negativ aus und weist einen Betriebsverlust von 288 Tsd. € aus.

Das Unternehmensergebnis besteht aus folgenden Teilergebnissen:

	Ergebnis aus unternehmensbezogenen Abgrenzungen (neutrales Ergebnis)	(+) 420 Tsd. €
+	Ergebnis aus kostenrechnerischen Korrekturen	(+) 118 Tsd. €
+	Betriebsergebnis	(–) 288 Tsd. €
=	Unternehmensergebnis	(+) 250 Tsd. €

2.06 Kostenarten

a) **Einzelkosten** sind Speditionskosten, die einem Kostenträger (z. B. einem Auftrag) **direkt zugerechnet** werden können.

- Transportversicherungsprämien 1.600 €
- Behältermieten 800 €
- Eingangsabgaben 4.000 €

Summe 6.400 €

€ 6 4 0 0

b) **Gemeinkosten** sind Betriebskosten, die einzelnen Kostenträgern **nicht direkt zugerechnet** werden (können). Sie müssen bei einer Betriebsabrechnung mittels Verteilungsschlüssel auf die Kostenstellen umgelegt bzw. budgetiert werden.

- Kraftstoffverbrauch 2.000 €
- Gehälter 80.000 €
- Kfz-Versicherungsprämien 1.000 €

Summe 83.000 €

€ 8 3 0 0 0

c) **Fixkosten** sind solche Kosten, die **unabhängig von der Beschäftigung** (der Auftragslage) entstehen. Diese Kosten können auch nur für bestimmte Zeiträume fix sein (sie heißen dann sprungfixe oder intervallfixe Kosten).

- Gehälter 80.000 €
- Kfz-Versicherungsprämien 1.000 €

Summe 81.000 €

€ 8 1 0 0 0

d) **Variable Kosten** sind solche Kosten, deren Höhe **abhängig von der Beschäftigung** ist.

- Kraftstoffverbrauch 2.000 €
- Transportversicherungsprämien 1.600 €
- Behältermieten 800 €
- Eingangsabgaben 4.000 €

Summe 8.400 €

€ 8 4 0 0

Erläuterungen:

Die Gehälter, der Kraftstoffverbrauch und die Kfz-Versicherungsprämien für die Betriebsfahrzeuge zählen zu den Betriebskosten und werden buchhalterisch in der Kontenklasse 4 erfasst. In der KLR spricht man auch von Grundkosten.

Die Transportversicherungsprämien, die Behältermieten und die, für den Auftraggeber in Vorlage geleisteten und an das Hauptzollamt abgeführten, Eingangsabgaben wie die Zölle, die Einfuhrumsatzsteuer (EUSt) oder die Verbrauchsteuern zählen zu den auftragsgebundenen Kosten der Kontenklasse 7. In der KLR sind dies ebenfalls Grundkosten.

Hinweis: Zum Begriff der Grundkosten vgl. auch die Aufgabe 2.01 Kalkulatorische Kosten.

Einstufige Betriebsabrechnung

2.07

a) **Aufgrund der nachfolgenden Verteilungsberechnungen beträgt der vorläufige Gemeinkostenanteil für die Abteilung Logistik-Service 30.100 €.**

€ 3 0 1 0 0

Gemeinkosten	Beträge in €	Nationale Verkehre	Internationale Verkehre	Logistik-Service
Personalkosten	45.000	21.000	12.000	12.000
Energiekosten	2.000	800	600	600
Mietkosten	12.000	4.000	4.800	3.200
Leasingkosten EDV	15.000	5.000	5.000	5.000
Versicherungen	6.000	1.500	3.000	1.500
Büromaterialverbrauch	2.000	250	450	1.300
Betriebliche Abgaben	6.000	2.000	2.000	2.000
Kommunikationskosten	9.000	1.500	3.000	4.500
Summe	97.000	36.050	30.850	**30.100**

Verteilungsrechnungen:

Personalkosten:	$\frac{45.000}{7 + 4 + 4}$ =	3.000	7 x 3.000 (= 21.000)	4 x 3.000 (= 12.000)	4 x 3.000 (= 12.000)
Energiekosten:	$\frac{2.000}{4 + 3 + 3}$ =	200	4 x 200 (= 800)	3 x 200 (= 600)	3 x 200 (= 600)
Mietkosten:	$\frac{12.000}{200 + 240 + 160}$ =	20	200 x 20 (= 4.000)	240 x 20 (= 4.800)	160 x 20 (= 3.200)
Leasingkosten:	$\frac{15.000}{1 + 1 + 1}$ =	5.000	(= 5.000)	(= 5.000)	(= 5.000)
Versicherungen:	$\frac{6.000}{1 + 2 + 1}$ =	1.500	(= 1.500)	(= 3.000)	(= 1.500)
Büromaterial-verbrauch:	$\frac{2.000}{250 + 450 + 1.300}$ =	1	(= 250)	(= 450)	(= 1.300)
Betriebliche Abgaben:	$\frac{6.000}{1 + 1 + 1}$ =	2.000	(= 2.000)	(= 2.000)	(= 2.000)
Kommunikations-kosten:	$\frac{9.000}{1 + 2 + 3}$ =	1.500	(= 1.500)	(= 3.000)	(= 4.500)

2.07 Einstufige Betriebsabrechnung

Hinweis:
Die Verteilungsschlüssel sind in der Praxis nicht immer zufriedenstellend. In bestimmten Fällen setzt der Verantwortliche (Inhaber oder Geschäftsführer) den Verteilungsschlüssel autonom bzw. nach Anhörung der Kostenstellenleiter fest. Die Festsetzung von Nutzungsfaktoren, Risikofaktoren oder Gleichverteilungen muss ständig überprüft und ggf. korrigiert werden, um eine möglichst genaue und gerechte Belastung der Kostenstellen durch die Gemeinkosten zu erreichen.

b) **Das Abteilungsergebnis für den Logistik-Service beträgt 32.900 €.**

€
3 2 9 0 0

	Abteilungserlöse	170.000 €
–	vorläufige Gemeinkosten	30.100 €
–	weitere Gemeinkosten	63.000 €
–	Einzelkosten der Abteilung	44.000 €
=	Abteilungsergebnis	32.900 € (Abteilungsgewinn)

Mehrstufige Betriebsabrechnung 2.08

Betriebsabrechnung der Spedition Martin DENGLER e. K., Nürnberg für das **1. Quartal 2023** – Werte in							
Gemeinkosten	Summe	Allg. Hilfskosten-stelle	Besondere Hilfskosten-stelle	Hauptkostenstellen			
		Kantine	Werkstatt	Kraft-wagen-Sped.	Luftfracht-Sped.	Seefracht-Sped.	Lagerei
Löhne	230.000	20.000	40.000	70.000	30.000	40.000	30.000
Gehälter	106.500	8.000	10.000	35.000	25.000	20.000	8.500
Fuhrparkkosten	360.000	0	0	170.000	55.000	45.000	90.000
Raumkosten	30.000	2.000	1.000	8.000	6.000	5.000	8.000
Steuern, Vers.	48.000	1.000	4.000	20.000	9.000	10.000	4.000
Untern.-Kosten	36.500	500	4.000	8.000	10.000	8.500	5.500
Verwaltungsk.	80.000	500	5.000	22.000	25.000	15.500	12.000
Kalk. U-Lohn	30.000	1.000	3.000	8.000	5.000	9.500	3.500
Kalk. Zinsen	98.000	1.500	3.500	25.000	35.000	13.000	20.000
Kalk. Abschr. (*)	255.000	5.000	15.000	80.000	50.000	45.000	60.000
Kalk. Wagnisse	20.000	500	500	10.000	3.000	2.500	3.500
Summe der Gemeinkosten	1.294.000	40.000	86.000	456.000	253.000	214.000	245.000
Umlage Kantine	1 : 3 : 1 : 1 : 2	→	5.000	15.000	5.000	5.000	10.000
			91.000	471.000	258.000	219.000	255.000
Umlage Werkstatt	6 : 1 : 2 : 1		→	54.600	a) **9.100**	18.200	9.100
Summe der GK nach Umlage				525.600	267.100	237.200	264.100
Einzelkosten	Gemäß Angaben der Buchhaltung aus Kontenklasse 7			322.000	155.500	195.000	218.000
Abteilungs-kosten				847.600	422.600	b) **432.200**	482.100
Abteilungs-erlöse	Gemäß Angaben der Buchhaltung aus Kontenklasse 8			990.000	515.000	595.000	485.000
Abteilungs-ergebnis				142.400	92.400	162.800	c) **2.900**

Die Ergebnisse zu a), b) und c) entnehmen Sie bitte dem fortgeführten BAB.

2.08 Mehrstufige Betriebsabrechnung

% ,
0 6 0

d) **Die Umsatzrendite der Abteilung Lagerei beträgt 0,60 %.**

Bei der Umsatzrendite wird das Ergebnis der Abteilung auf den Abteilungsumsatz bezogen und prozentualisiert:

485.000 € – 100 %
2.900 € – ? %

$$\frac{100\,\% \times 2.900\,€\ \text{Abteilungsergebnis}}{485.000\,€\ \text{Abteilungserlöse}} = 0{,}597 \approx \underline{\underline{0{,}60\,\%}}$$

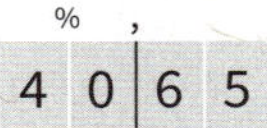

e) **Der prozentuale Anteil des Abteilungsergebnisses der Seefrachtspedition am Gesamtergebnis beträgt 40,65 %.**

AE = Abteilungsergebnis

142.400 € AE Kraftwagenspedition
+ 92.400 € AE Luftfrachtspedition
+ 162.800 € AE Seefrachtspedition
+ 2.900 € AE Lagerei
= 400.500 € Gesamtergebnis

400.500 € – 100 %
162.800 € – ? %

$$\frac{100\,\% \times 162.800\,€\ \text{AE Seefrachtspedition}}{400.500{,}00\,€\ \text{Gesamtergebnis}} = 40{,}649 \approx \underline{\underline{40{,}65\,\%}}$$

Tsd. €
6 6 8

f) **Das Rohergebnis, hier der Rohgewinn, der Abteilung Kraftwagenspedition beträgt 668 Tsd. €.**

	990.000 €	Abteilungserlöse (Kl. 8)
–	322.000 €	Abteilungseinzelkosten (Kl. 7)
=	668.000 €	Abteilungsrohergebnis (hier: Abteilungsrohgewinn)

Mehrstufige Betriebsabrechnung

2.08

%		,	
1	5	4	9

g) **Die Gesamt-Umsatzrentabilität beträgt 15,49 %.**

990.000 € Abteilungserlöse Kraftwagenspedition
\+ 515.000 € Abteilungserlöse Luftfrachtspedition
\+ 595.000 € Abteilungserlöse Seefrachtspedition
\+ 485.000 € Abteilungserlöse Lagerei
= 2.585.000 € Gesamterlöse

2.585.000 € – 100 %
400.500 € – ? %

$$\frac{100\ \%\ \text{x}\ 400.500{,}00\ €\ \text{Gesamtergebnis}}{2.585.000{,}00\ €\ \text{Gesamterlöse}} = 15{,}493 \approx \underline{\underline{15{,}49\ \%}}$$

%	,	
2	2	0

h) **Der Prozentsatz der echten Zusatzkosten an den Gesamtkosten der Abteilung Seefrachtspedition beträgt 2,20 %.**

In der Betriebsabrechnung gibt es nur eine Position echter Zusatzkosten, nämlich die des kalk. Unternehmerlohns.
(vgl. auch Erläuterung zur Aufgabe 2.01 Kalkulatorische Kosten):

Abteilungskosten Seefracht: 432.200,00 € – 100 %
Kalk. U-Lohn (Seefracht): 9.500,00 € – ? %

$$\frac{100\ \%\ \text{x}\ 9.500{,}00\ €\ \text{kalk. U-Lohn}}{432.200{,}00\ €\ \text{Abteilungskosten}} = 2{,}198 \approx \underline{\underline{2{,}20\ \%}}$$

2.08 Mehrstufige Betriebsabrechnung

Tsd. €

6	1	8	2

i) **Der Wiederbeschaffungswert des Anlagevermögens beträgt 6.182 Tsd. €.**

Die kalk. Abschreibungen des 1. Quartals betragen 255.000 € (siehe BAB), d. h. auf das Gesamtjahr bezogen 4 Quartale x 255.000 € = 1.020.000 €.

Der Abschreibungssatz wurde mit 16,5 % angenommen.

Somit ergibt sich folgende Rechnung:

16,5 % – 1.020.000 € (Jahresabschreibung)

100 % – ? € (Abschreibungsbasis)

$$\frac{1.020.000\text{ € kalk. Abschreibungen/Jahr x } 100\ \%}{16{,}5\ \%} = 6.181.818 \approx \underline{\underline{6.182\text{ Tsd. €}}}$$

Tsd. €

7	8	4	0

j) **Das betriebsnotwendige Kapital beträgt 7.840 Tsd. €.**

Die kalk. Zinsen des 1. Quartals betragen lt. BAB 98.000 €, d. h. auf das Gesamtjahr bezogen 4 Quartale x 98.000 € = 392.000 €.

Der kalk. Jahreszinssatz wurde mit 5 % angegeben.

Somit ergibt sich folgende Rechnung:

5 % – 392.000 € (Jahreszinsen)

100 % – ? € (Berechnungsbasis)

$$\frac{392.000\text{ € kalk. Zinsen/Jahr x } 100\ \%}{5\ \%} = \underline{\underline{7.840.000\text{ €}}}$$

Fahrzeugkostenkalkulation I 2.09

Fall 1

Teil A

a) **Die beweglichen Gesamtkosten der Gruppe C.1 betragen 101,2 ct/km.**

ct/km			,
1	0	1	2

Erläuterungen:

Pos. 18 Abnutzung

Hinweis: Als Abschreibungsbasis wurden hier die Anschaffungskosten gewählt. Stattdessen käme auch ein geschätzter Wiederbeschaffungswert (vgl. dazu die Erläuterungen zu 2.02 Kalk. Abschreibung) in Frage.

Anschaffungswert mit Reifen	190.000,00 €
– 10 Reifen x 850 €/Reifen	8.500 €
= Anschaffungswert ohne Reifen	181.500 €

181.500 € Anschaffungswert o. R. : 2 = 90.750 € = ½ Anschaffungswert o. R.

90.750 € ½ Anschaffungswert o. R. : 400 000 km Nutzungsdauer = 0,2268 € ≈ 22,7 ct/km

Pos. 19 Treib- und Schmierstoffkosten

(33 Liter/100 km Treibstoffverbrauch x 95 ct/Liter) : 100 km = 31,35 ct/km

31,35 ct/km + 5 % Anteil Schmierstoffverbrauch = 31,35 ct/km x 1,05 € ≈ 32,9 ct/km

Pos. 20 Reifenverbrauch

10 Reifen x 850,00 €/Reifen = 8.500,00 €

8.500,00 € : 70 000 km Reifenaufleistung = 0,1214 € ≈ 12,1 ct/km

Pos. 21 Reparaturen

Durchschnittlicher Mittelwert: 33,5 ct/km

Bewegliche Gesamtosten C.1

22,7 ct/km Pos. 18 Abnutzung
\+ 32,9 ct/km Pos. 19 Treib- und Schmierstoffkosten
\+ 12,1 ct/km Pos. 20 Reifenverbrauch
\+ 33,5 ct/km Pos. 21 Reparaturen
= 101,2 ct/km Bewegliche Gesamtkosten

2.09 Fahrzeugkostenkalkulation I

Fall 1

€/Jahr

4	4	0	0	0

b) **Die Summe der Gesamt-Personalkosten C.2 beträgt 44.000 €/Jahr.**

30.000 € Pos. 22 Bruttolöhne
+ 12.000 € Pos. 23 Sozialaufwand ((30.000 € Bruttolöhne : 100 %) x 40 %)
+ 2.000 € Pos. 24 Fahrerspesen
= 44.000 € Gesamt-Personalkosten/Jahr

Pos. 22 Fahrerlöhne brutto

Der Jahresbruttolohn für einen fest angestellten Fahrer ergibt sich auf der Basis eines monatlichen Pauschalbetrages multipliziert mit 12 Monaten. Aus kaufmännischer Sicht ist es unerheblich, ob der Betriebsinhaber selbst oder ein fremder Fahrer fährt. Die Höhe der Bruttolöhne ist abhängig vom Personalfaktor, also dem statistischen Durchschnittswert für die Besatzung des Fahrzeuges. Würde ein Fahrzeug z. B. in der Hälfte der Einsatzzeit zusätzlich mit einem zweiten Fahrer besetzt, ergäbe sich damit ein Personalfaktor von 1,5.

Pos. 23 Sozialaufwand

Dieser Posten berücksichtigt neben den entsprechenden Sozialversicherungen auch das Urlaubs- und Weihnachtsgeld sowie die zusätzlichen Aufwendungen bei gelegentlicher Vertretung.

Pos. 24 Fahrerspesen

Bei den Fahrerspesen wurde für die Einsatzzeit eine Tagespauschale für die durchschnittliche Personalbesatzung von 10 € zugrunde gelegt.

Fahrzeugkostenkalkulation I

2.09

Fall 1

€/Jahr
3 1 9 3 9

c) **Die Summe der festen Fahrzeugkosten C3 beträgt 31.939 €/Jahr.**

Pos. 25 Verzinsung

10 % vom halben Kaufpreis (Kapital)

190.000 € Kaufpreis mit Reifen : 2 = 95.000 € halber Kaufpreis mit Reifen

(95.000 € halber Kaufpreis mit Reifen : 100 %) x 10 % = 9.500,00 €

Die Verzinsung des eingesetzten Kapitals ist als Restwertverzinsung aufzufassen, d. h., im Anschaffungsjahr fallen höhere Zinsen, im Restnutzungsjahr niedrigere Zinsen an. Um eine möglichst gleichbleibende Zinsbelastung zu erreichen, wird das durchschnittliche Kapital (= der halbe Wert) verzinst. So vermeidet man hohe Zinsansprüche in den ersten Jahren und niedrige Verzinsungen in den letzten Jahren der Nutzung.

Durchschnittsverzinsung statt Restwertverzinsung:

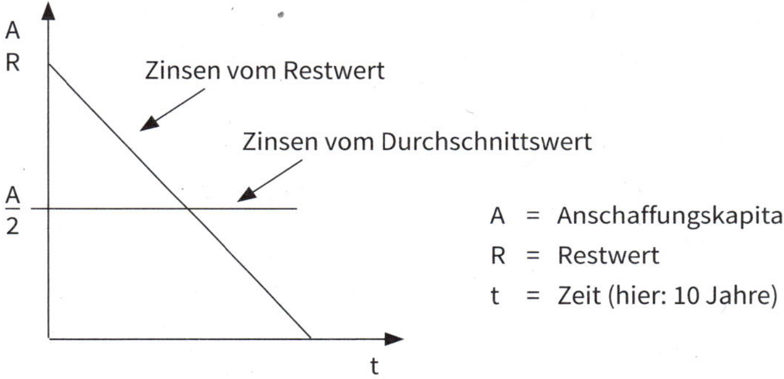

Pos. 26 Entwertung

½ Anschaffungswert ohne Reifen (vgl. analog Pos. 18 Abnutzung) = 90.750,00 €

90.750,00 € ½ Anschaffungswert o. R. : 10 Jahre Nutzungsdauer = 9.075,00 €

Pos. 27 Kfz-Steuer

5.957,00 €

Pos. 28 Kfz-Versicherung

7.407,00 €

Die Kfz-Haftpflichtversicherung hat eine unbegrenzte Pauschaldeckung. In der Vollkaskoversicherung sind 1.000 € Selbstbeteiligung vereinbart. Die Zahlungsweise ist 1/4 jährlich.

2.09 Fahrzeugkostenkalkulation I

Fall 1

9.500 € Pos. 25 Verzinsung
\+ 9.075 € Pos. 26 Entwertung
\+ 5.957 € Pos. 27 Kfz-Steuer
\+ 7.407 € Pos. 28 Kfz-Versicherung
= 31.939 € Feste Fahrzeugkosten/Jahr

€/Jahr
8 7 9 3 9

d) **Die Summe der festen Gesamtkosten C.2 bis C.4 beträgt 87.939 €/Jahr.**

44.000 € C.2 Gesamt-Personalkosten
\+ 31.939 € C.3 Feste Fahrzeugkosten
\+ 12.000 € C.4 Verwaltungskosten
= 87.939 € Feste Gesamtkosten/Jahr

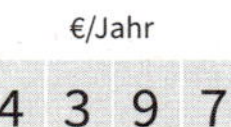

e) **Der Aufschlag für kalk. Kosten auf die festen Gesamtkosten (halber Satz) beträgt 4.397 €.**

Der gemeinsame Aufschlagsatz für die kalk. Kosten i. H. v. 10 % (Pos. 30) wird je zur Hälfte (also mit 5 %) auf die festen bzw. beweglichen Gesamtkosten bezogen.

87.939 € feste Gesamtkosten x 0,05 = 4.396,95 € ≈ 4.397 €

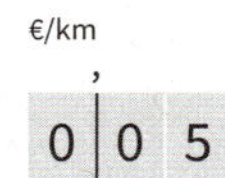

f) **Der Aufschlag für kalkulatorische Kosten auf die beweglichen Gesamtkosten (halber Satz) beträgt 0,05 /km.**

Der gemeinsame Aufschlagsatz für die kalk. Kosten i. H. v. 10 % (Pos. 30) wird je zur Hälfte (also mit 5 %) auf die festen bzw. beweglichen Gesamtkosten bezogen.

101,2 ct/km bewegliche Gesamtkosten x 0,05 = 5,06 ct = 0,05 €

Fahrzeugkostenkalkulation I 2.09

Fall 1

g) **Der Tagessatz, unter Berücksichtigung des Aufschlags für die kalk. Kosten (halber Satz), beträgt 461,68 €/Tag.**

€/Tag 461,68

	Feste Gesamtkosten	87.939,00 €
+	Kalk. Aufschlag	4.397,00 €
=	Gesamt	92.336,00 €

92.336 € : 200 Einsatztage = 461,68 €/Tag

h) **Der Kilometersatz, unter Berücksichtigung des Aufschlags für die kalk. Kosten (halber Satz), beträgt 1,06 /km.**

€/km 1,06

	Bewegliche Gesamtkosten/km	1,012 €
+	Kalk. Aufschlag	0,050 €
=	Gesamt	1,062 € ≈ 1,06 €/km

Teil B

i) **Die festen Kosten des Auftrags betragen 1.385,04 €.**

€ 1385,04

3 Tage x 461,68 €/Tag = 1.385,04 €

j) **Die beweglichen Kosten des Auftrags betragen 133,56 €.**

€ 133,56

3 Tage x 42 km/Tag = 126 km/Auftrag
126 km/Auftrag x 1,06 €/km = 133,56 €

k) **Die Selbstkosten des Auftrags betragen 1.518,60 €.**

€ 1518,60

1.385,04 € feste Kosten/Auftrag + 133,56 € bewegliche Kosten/Auftrag = 1.518,60 €

l) **Der Angebotspreis des Auftrags beträgt 1.957,73 €.**

€ 1957,73

	Selbstkosten	1.518,60 €	
+	8 1/3 % Gewinn	126,55 €	(1.518,60 € Selbstkosten : 12); 100 % : 12 = 8 1/3 %
=	Nettopreis	1.645,15 €	
+	19 % USt	312,58 €	(1.645,15 € Nettopreis : 100 %) x 19 %
=	Bruttopreis	1.957,73 €	

2.09 Fahrzeugkostenkalkulation I

Fall 2

a)

Zeile	A Technische Angaben		
5	Anzahl der Reifen		8
	B Kalkulationsdaten		
9	Jahreslaufleistung (96 % mautpflichtig)		100 000 km
10	Jahreseinsatzzeit		240 Tage
12	Nutzungsdauer		10 Jahre
13	Reifenlaufleistung		100 000 km
14	Kraftstoffverbrauch		30 l/100 km
15	Kraftstoffpreis		1,70 €/l
	C Kapitalwerte		
16	Fahrzeugkaufpreis ohne Reifen		100.000 €
17	Kaufpreis Bereifung (Stückpreis)		1.250 €
18	durchschnittlich gebundenes Umlaufvermögen		20.000 €
19	betriebsnotwendiges Vermögen		**75.000 €**
	D Kalkulation		
20	Abschreibung (Abnutzung 50 %) p. a.		**5.000 €**
21	Kraftstoffkosten p. a.		**51.000 €**
22	Schmierstoffe/Öl (3 % der Kraftstoffkosten) p. a.		**1.530 €**
23	Reifenkosten p. a.		**10.000 €**
24	Reparaturen p. a.		6.000 €
26	Maut 19,0 Ct./km		**18.240 €**
28	Fahrerlohn		25.200 €
31	Sozialaufwendungen	**6.300 €**	25 %
33	Personalfaktor		1,0
34	Spesen je Einsatztag	**2.400 €**	10 €
36	Abschreibung (Entwertung 50 %) p. a.		**5.000 €**
37	Verzinsung 5 % p. a.		**3.750 €**
38	Kfz-Steuer p. a.		3.000 €
39	Kfz-Haftpflichtversicherung p. a.		4.000 €
40	Kfz-Kaskoversicherung (für die ersten 2 Jahre) p. a.	**400 €**	2.000 €
41	Güterschaden-Haftpflichtversicherung p. a.		1.000 €
44	Verwaltungskosten p. a.		12.000 €

Fahrzeugkalkulation I 2.09

Fall 2

Erläuterungen:

Zeile 19 (Betriebsnotwendiges Vermögen)

Ø = durchschnittlich
UV = Umlaufvermögen

$$\text{Betriebsnotwendiges Vermögen} = \frac{\text{Kfz-Kaufpreis } \textbf{mit} \text{ Reifen}}{2} + \text{Ø gebundenes UV}$$

8 Reifen x 1.250 €/Reifen = 10.000 €

$$\frac{100.000\ € \text{ Kfz-Kaufpreis} + 10.000\ € \text{ Reifen}}{2} + 20.000\ € \text{ Ø gebundenes UV} = \underline{\underline{75.000\ €}}$$

Zeilen 20 und 36 (Abschreibung p. a.)

$$\text{Abschreibung} = \frac{\text{Kfz-Kaufpreis } \textbf{ohne} \text{ Reifen}}{\text{Nutzungsdauer in Jahren}} = \frac{100.000\ €}{10 \text{ Jahre}} = 10.000\ € \text{ Abschreibung/Jahr}$$

50 % anteilig für die Abnutzung = 10.000 € x 0,5 = $\underline{\underline{5.000\ €}}$ (Zeile 20)
50 % anteilig für die Entwertung = 10.000 € x 0,5 = $\underline{\underline{5.000\ €}}$ (Zeile 36)

Zeile 21 (Kraftstoffkosten p. a.)

$$\text{Kraftstoffkosten/Jahr} = \frac{\text{Jahreslaufleistung in km}}{100 \text{ km}} \text{ x Verbrauch l/100 km x Literpreis €}$$

$$= \frac{100\,000 \text{ km}}{100 \text{ km}} \text{ x } 30 \text{ l/100 km x } 1{,}70\ €/\text{l} = \underline{\underline{51.000\ €}}$$

Zeile 22 (Schmierstoffe/Öl p. a.)

Schmierstoffkosten = 3 % der Kraftstoffkosten/Jahr
Schmierstoffkosten = 51.000 € Krafstoffkosten/Jahr x 0,03 = $\underline{\underline{1.530\ €}}$

Zeile 23 (Reifenkosten p. a.)

$$\text{Reifenkosten/Jahr} = \frac{\text{Gesamtkaufpreis Reifen x Jahreslaufleistung in km}}{\text{Reifenlaufleistung in km}}$$

1.250 €/Reifen x 8 Reifen = 10.000 € Gesamtkaufpreis Reifen

$$\text{Reifenkosten/Jahr} = \frac{10.000\ € \text{ x } 100\,000 \text{ km Jahreslaufleistung}}{100\,000 \text{ km Reifenlaufleistung}} = 10.000\ €$$

2.09 Fahrzeugkostenkalkulation I

Zeile 26 (Maut)

Jahreslaufleistung 100 000 km, davon sind 96 % mautplichtig.
Mautkosten = mautpflichtige Jahreslaufleistung x Mautsatz ct/km
100 000 km Jahreslaufleistung x 0,96 = 96 000 km mautpflichtige Jahreslaufleistung
96 000 km mautpflichtige Jahreslaufleistung x 19,0 ct/km = 1.824.000 ct/km = 18.240 €

Zeile 31 (Sozialaufwendungen)

Sozialaufwendungen = 25 % vom Fahrerlohn i. H. v. 25.200 €
25.200 € Fahrerlohn x 0,25 = 6.300 €

Zeile 34 (Spesen je Einsatztag)

Spesen = 10 €/Tag x 240 Einsatztage = 2.400 €

Zeile 37 (Verzinsung 5 % p. a.)

Verzinsung 5 %/Jahr vom betriebsnotwendigen Vermögen
Verzinsung = 75.000 € betriebsnotwendiges Vermögen x 0,05 = 3.750 €

Zeile 40 (Kfz-Kaskoversicherung für die ersten 2 Jahre, p. a.)

Da die Kaskoversicherungsprämie nur in den ersten 2 Jahren gezahlt wird, ist das Prämienaufkommen der ersten 2 Jahre auf die gesamte Nutzungsdauer umzulegen.

$$\frac{\text{2.000 € Kfz-Kaskoprämie x 2 Jahre}}{\text{10 Jahre}} = \text{400 €}$$

Fahrzeugkalkulation I 2.09

Fall 2

b)

Zeile	Auswertung		€/Jahr	
50	km-abhängige Kosten	**Zeilen 20 bis 26**	**91.770**	
51	Fahrpersonalkosten	**Zeilen 28 bis 34**	**33.900**	
52	feste Fahrzeugkosten	**Zeilen 36 – 41**	**17.150**	
53	Fahrzeugeinsatzkosten	**Zeilen 50 bis 52**	**142.820**	korrekt
54	Gemeinkosten	**Zeile 44**	**12.000**	
55	Zeitabhängige (fixe) Kosten	**Zeilen 51, 52 und 54**	**63.050**	
56	Gesamtkosten	**Zeilen 53 und 54**	**217.870**	korrekt

Erläuterungen:

Zeile 50

Zu den km-abhängigen (variablen) Kosten zählen:

- die Abschreibung durch Abnutzung
- die Kraft- und Schmierstoffkosten
- die Reifenkosten
- die Reparaturen
- die Mautkosten

Zeile 51

Die Fahrpersonalkosten (hier für einen Fahrer) bestehen aus:

- dem Fahrerlohn
- dem Sozialaufwand (Arbeitgeberanteil zur Sozialversicherung sowie freiwillige Sozialaufwendungen)
- den Spesen

Zeile 52

Feste Fahrzeugkosten sind Fixkosten, die eindeutig dem Fahrzeug zuzurechnen sind:

- die Abschreibung für Entwertung (technischer Fortschritt)
- die Zinsen für das ins Fahrzeug investierte Kapital
- die Kfz-Steuer
- die Kfz-Versicherungen
- die notwendige Prämie für die Güterschaden-Haftpflichtversicherung (gemäß § 7 a GüKG)

Zeile 54

Die **Gemeinkosten** sind **fix** und können nur über einen Zuschlagssatz dem Fahrzeug zugerechnet werden. Es handelt sich hierbei um die **anteiligen Verwaltungskosten**.

2.10 Fahrzeugkostenkalkulation II

a) **Die kalkulatorische Abschreibung beträgt im Jahr 42.660,00 €.**

€					,	
4	2	6	6	0	0	0

Der lineare Abschreibungssatz beträgt 20 %.

$$\frac{\text{Gesamtkilometerleistung}}{\text{Jahreskilometerleistung}} = \frac{650\,000 \text{ km}}{130\,000 \text{ km}} = 5 \text{ Jahre Nutzungsdauer}$$

$$\frac{\text{Abschreibungsbasis (= 100 \%)}}{\text{Anzahl der Nutzungsjahre}} = \text{Jahresabschreibungssatz}$$

$$\frac{\text{Abschreibungsbasis}}{\text{5 Jahre Nutzungsdauer}} = 20\,\% \text{ Jahresabschreibungssatz}$$

Berechnung der Abschreibungsbasis:

	Wiederbeschaffungswert (*)	235.000,00 €
–	Neuwert der Reifen	9.200,00 €
–	Wiederverkaufserlös des Altfahrzeuges	12.500,00 €
=	Abschreibungsbasis	213.300,00 €

100 % – 213.300,00 €

20 % – ? €

$$\frac{213.300{,}00\text{ € Abschreibungsbasis} \times 20\,\%}{100\,\%} = \underline{\underline{42.660{,}00\text{ € Jahresabschreibung}}}$$

(*) Der Wiederbeschaffungswert ist ein Schätzwert, für den man die durchschnittliche Preissteigerungsrate der Vergangenheit fortschreibt. Rechnet man z. B. mit einer Preissteigerungsrate von 7 % p. a. und einer Nutzungsdauer von 3 Jahren, so ergäbe sich für die Berechnung des Wiederbeschaffungswertes folgende Formel:

$$\begin{aligned} W^3 &= 100\,\% \times 1{,}07^3 \\ &= 100\,\% \times 1{,}07 \times 1{,}07 \times 1{,}07 \\ &= 100\,\% \times 1{,}225043 \\ &= 122{,}5043\,\% \end{aligned}$$

Ein Fahrzeug, dessen Anschaffungswert 100.000,00 € wäre, würde nach 3 Nutzungsjahren durch ein Fahrzeug für 122.505,30 € ersetzt.

Ebenso könnte man mit den Reifen verfahren. Hier im Fall 2 geht man aber der Einfachheit halber davon aus, dass der Reifenpreis mit 9.200,00 € konstant bleibt.

Fahrzeugkostenkalkulation II **2.10**

€ 7050,00

b) **Die kalkulatorischen Jahreszinsen betragen 7.050,00 €.**

Zunächst wird der Nettoanschaffungspreis berechnet, da die zu zahlende Mehrwertsteuer (hier: Vorsteuer) nicht mit verzinst wird (durchlaufender Posten).

$$\frac{\text{Rechnungspreis}}{1{,}19} = \text{Nettoanschaffungspreis}$$

$$\frac{208.250{,}00\ €}{1{,}19} = 175.000{,}00\ €$$

Bei einer Durchschnittsverzinsung ergeben sich folgende Jahreszinsen:

$$\frac{175.000{,}00\ €}{2} + 30.000{,}00\ € = 117.500{,}00\ €$$

117.500,00 € x 0,06 = 7.050,00 € kalk. Zinsen p. a. (bei 6 %)

Die 30.000 € sind das durchschnittlich gebundenes Umlaufvermögen und sind mit zu verzinsen, da hier auch Kapital in Kraftstoffe, Schmierstoffe und Reparaturmaterial usw. investiert wurde.

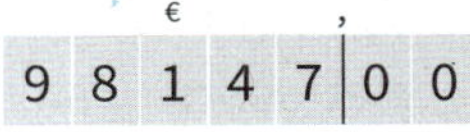
€ 98147,00

c) **Die fixen Einsatzkosten pro Jahr betragen 98.147,00 €.**

	Betrag	
	21.330,00 €	(Hälfte der Jahresabschreibung, die auf die zeitgebundene Entwertung des Fahrzeugs entfällt.)
+	7.050,00 €	Zinsen
+	7.098,00 €	Kfz-Steuer
+	4.874,00 €	Kfz-Versicherungsprämie
+	720,00 €	Garage/Unterstellung (360,00 € pro Halbjahr x 2)
+	41.250,00 €	Fahrerlöhne (Personalfaktor 1,5 x 27.500,00 €)
+	9.075,00 €	Sozialaufwand ((41.250,00 € Fahrerlöhne : 100) x 22 %)
+	6.750,00 €	Fahrerspesen für (1,5-fache Besatzung)
	98.147,00 €	Gesamte fixe Einsatzkosten pro Jahr

€ 75140,00

d) **Die jährlichen Kraftstoffkosten betragen 75.140,00 €.**

$$\frac{\text{130 000 km Laufleistung/Jahr}}{\text{100 km}} \times 34\ \text{l} \times 1{,}70\ €/\text{l} = 75.140{,}00\ €$$

2.10 Fahrzeugkostenkalkulation II

7 9 7 3 | 3 3

e) **Die jährlichen Reifenkosten betragen 7.973,33 €.**

$$\frac{\text{130 000 km Laufleistung/Jahr}}{\text{150 000 km Reifenlaufleistung}} \times \text{9.200,00 € Reifen} = \text{7.973,333 €} \approx \underline{\underline{\text{7.973,33 €}}}$$

1 5 5 6 7 2 | 9 8

f) **Die Höhe der variablen Einsatzkosten p. a. beträgt 155.672,98 €.**

	21.330,00 €	(Hälfte der Jahresabschreibung, die leistungsabhängig ist)
+	75.140,00 €	Kraftstoffkosten
+	1.469,65 €	Schmierstoffkosten ((41.990,00 € Kraftstoffkosten: 100) x 3,5 %)
+	7.973,33 €	Reifenkosten p. a.
+	30.000,00 €	Reparaturkosten pro Jahr (7.500,00 € je Quartal x 4)
+	19.760,00 €	Maut (130 000 km Laufleistung/Jahr x 0,8) x 0,190 €/km)
	155.672,98 €	Gesamte variable Einsatzkosten pro Jahr

Die Mautberechnung ist bezogen auf die Jahreslaufleistung von 130 000 km, wovon 80 % mautplichtig sind und den Mautsatz von 19,0 ct/km (= 0,190 €/km).

Die Maut könnte auch bei den fixen Kosten angesetzt werden, wenn man die Kosten für den Einbau der OBU (On-Board-Unit) sowie zusätzlich anfallende Verwaltungskosten in den Vordergrund der Betrachtung stellt oder die Kosten einer (Autobahn)Vignette (für eine fixe Autobahngebühr für einen festgelegten Zeitraum) einbringen möchte.

1 0 9 6 4 7 | 0 0

g) **Die fixen Fahrzeugkosten pro Jahr betragen 109.647,00 €.**

	98.147,00 €	fixe Einsatzkosten
+	11.500,00 €	allgemeine Verwaltungskosten (fix)
=	109.647,00 €	fixe Fahrzeugkosten

4 3 8 | 5 9

h) **Der Tagessatz beträgt 438,59 €.**

$$\frac{\text{fixe Fahrzeugkosten pro Jahr}}{\text{Einsatztage pro Jahr}} = \frac{\text{109.647,00 €}}{\text{250 Tage}} = \text{438,588 €} \approx \underline{\underline{\text{438,59 €/Tag}}}$$

1 | 2 0

i) **Der Kilometersatz beträgt 1,20 €.**

$$\frac{\text{variable Einsatzkosten}}{\text{Jahreskilometerleistung}} = \frac{\text{155.672,98 €}}{\text{130 000 km}} = \text{1,19748 €/km} \approx \underline{\underline{\text{1,20 €/km}}}$$

Fahrzeugkostenkalkulation II

2.10

€ ,
1 5 | 3 1

j) **Die Fahrzeugkosten je 100 kg betragen in diesem Fall 15,31 €.**

400 km x 1,20 €/km = 480,00 € variable Fahrzeugkosten bei 400 km

Auf 100 kg bezogen (es werden 6 t transportiert, also 60 x 100 kg) ergibt sich:

480,00 € : 60 = 8,00 € variable Fahrzeugkosten je 100 kg

Dividiert man den Tagessatz durch 60, erhält man die fixen Fahrzeugkosten für 100 kg:

438,59 €/Tag : 60 = 7,309 € ≈ 7,31 € fixe Fahrzeugkosten je 100 kg

Addiert man beide Beträge, erhält man die Fahrzeugkosten je 100 kg

für einen Auftrag, bei dem 6 t über 400 km weit befördert werden:

  8,00 € variable Fahrzeugkosten/100 kg
+ 7,31 € fixe Fahrzeugkosten/100 kg
= 15,31 € Fahrzeugkosten/100 kg

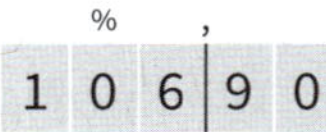

k) **Der Kilometersatz übersteigt die Kraftstoffkosten je km um 106,90 %.**

Kraftstoffkosten je km: $\frac{34\ l}{100\ km}$ x 1,70 €/l = 0,578 € ≈ 0,58 €

Da der Kilometersatz bei 1,20 € liegt, ergibt sich folgende Berechnung:

0,58 €	–	100 %	(Ausgangsbasis)
1,20 € – 0,58 € = 0,62 €	–	? %	(Betrag, um den die Kraftstoffkosten je km überstiegen werden.)

$\frac{100 \times 0{,}62}{0{,}58}$ = 106,896 % ≈ 106,90 %

2.11 Lagerkostenkalkulation I

a) **Die durchschnittlichen Lagerungskosten pro m² betragen 5,39 €.**

€ , 5 | 3 9

	240.000,00 €	kalk. Abschreibung
+	113.000,00 €	kalk. Zinsen
+	12.000,00 €	Reparaturkosten
+	36.000,00 €	Versicherungskosten
+	64.800,00 €	Energiekosten
+	51.520,00 €	allgemeine Verwaltungskosten
=	517.320,00 €	Gesamtlagerungskosten p. a.

$$\frac{517.320{,}00\text{ € Lagerungskosten/Jahr}}{12\text{ Monate}} = 43.110{,}00\text{ € Lagerungskosten/Monat}$$

$$\frac{43.110{,}00\text{ €}}{8\,000\text{ m}^2} = 5{,}388\text{ €} \approx \underline{\underline{5{,}39\text{ € monatliche Lagerungskosten je m}^2}}$$

b) **Die durchschnittliche Gewichtsauslastung je m² beträgt 650 kg.**

kg/qm 6 5 0

$$\frac{\text{durchschnittlicher Lagerbestand}}{\text{durchschnittlich belegte Lagerfläche}} = \frac{5\,200\,000\text{ kg}}{8\,000\text{ m}^2} = \underline{\underline{650\text{ kg/m}^2}}$$

c) **Die durchschnittlichen monatlichen Lagerungskosten je 100 kg betragen 0,83 €.**

€ , 0 | 8 3

für 650 kg – 5,39 €

für 100 kg – ? €

$$\frac{5{,}39\text{ € x } 100\text{ kg}}{650\text{ kg}} = 0{,}829\text{ €} \approx \underline{\underline{0{,}83\text{ € monatliche Lagerungskosten je 100 kg}}}$$

d) **Die durchschnittlichen monatlichen Lagerungskosten je 100 kg in diesem Jahr liegen unter dem Vorjahreswert um (-) 25,89 %.**

% , – 2 5 | 8 9

1,12 €	–	100 %	(Ausgangsbasis)
1,12 € – 0,83 € = 0,29 €	–	? %	(Differenz)

$$\frac{100\text{ % x } 0{,}29\text{ €}}{1{,}12\text{ €}} = 25{,}892\text{ %} \approx \underline{\underline{25{,}89\text{ % Abweichung}}}$$

Lagerkostenkalkulation II 2.12

a) **Die Kosten der Einlagerung für 100 kg betragen 0,231 €.**

€	,		
0	2	3	1

Einlagerungskosten je Palette:

Bei 550 t (= 550 000 kg) Einlagerungsgewicht und 500 kg Palettengewicht, ergibt sich eine Palettenanzahl von 1 100 Stück.

550 000 kg Einlagerungsgewicht : 500 kg/Palette = 1 100 Paletten

Dividiert man die 1 100 Paletten durch die 22 Arbeitstage, erhält man eine Palettenanzahl pro Tag von 50 Stück.

1 100 Paletten : 22 Arbeitstage = 50 Paletten/Tag

Dividiert man nun die 105 Min. Gabelstaplereinsatzzeit durch die tägliche Palettenanzahl, ergibt sich ein Zeitbedarf je Palette von 2,1 Min.

105 Min. Gabelstaplereinsatzzeit : 50 Paletten/Tag = 2,1 Min./Palette

Wenn nun eine Arbeitsstunde (= 60 Min.) 33,00 € kostet, dann kosten 2,1 Min. 1,155 €.

60 Min. – 33,00 €
2,1 Min. – ? €

$$\frac{33{,}00\text{ €/Arbeitsstunde x } 2{,}1\text{ Min./Palette}}{60\text{ Min.}} = 1{,}155\text{ €/Palette}$$

Einlagerungskosten je 100 kg:

Wenn die Kosten für eine Palette (= 500 kg) 1,155 € betragen, dann kosten 100 kg den 5. Teil davon, das sind 0,231 €:

500 kg – 1,155 €
100 kg – ? €

$$\frac{1{,}155\text{ €/Palette x } 100\text{ kg}}{500\text{ kg}} = \underline{\underline{0{,}231\text{ € Einlagerungskosten je 100 kg}}}$$

b) **Die Kosten der Auslagerung für 100 kg betragen 0,363 €.**

€	,		
0	3	6	3

Auslagerungskosten je Palette:

Die täglich auszulagernde Palettenanzahl entspricht derjenigen bei der Einlagerung (siehe Aufgabenstellung und Erläuterung zu a)).

Dividiert man die 2 ¾ Std. (= 165 Min.) Einsatzzeit für den Gabelstapler durch die 50 Paletten, ergibt sich ein Zeitbedarf je Palette von 3,3 Min.

165 Min. Gabelstaplereinsatzzeit : 50 Paletten/Tag = 3,3 Min./Palette

2.12 Lagerkostenkalkulation II

Da die Arbeitsstunde (= 60 Min.) 33,00 € kostet, kosten 3,3 Minuten 1,815 €:

60 Min. – 33,00 €
3,3 Min. – ? €

$$\frac{33{,}00\text{ €/Arbeitsstunde} \times 3{,}3\text{ Min./Palette}}{60\text{ Min.}} = 1{,}815\text{ €/Palette}$$

Auslagerungskosten je 100 kg:

(Siehe auch Erläuterungen zu den Einlagerungskosten)

500 kg – 1,815 €

100 kg – ? €

$$\frac{1{,}815\text{ €/Palette} \times 100\text{ kg}}{500\text{ kg}} = \underline{\underline{0{,}363\text{ € Auslagerungskosten je 100 kg}}}$$

c) **Die Kosten der Umschlaggeräte für 100 kg betragen 0,108 €.**

Die Einsatzkosten/Monat ergeben sich durch die Multiplikation der täglichen Einsatzstunden für das Ein- und Auslagern mit dem Stundensatz und der Anzahl der Arbeitstage im Monat:

$$\frac{(105\text{ Min. Ein-} + 165\text{ Min. Auslagerung})}{60\text{ Min.}} \times 12{,}00\text{ €/Std.} \times 22\text{ Arbeitstage} = 1.188{,}00\text{ €}$$

Die Kosten der Umschlaggeräte je 100 kg ergeben sich nun als Quotient aus den Einsatzkosten/Monat und dem durchschnittlichen Umschlag der Ein- und Auslagerungsmenge:

$$\frac{1.188{,}00\text{ € Einsatzkosten/Monat}}{(550\,000\text{ kg Ein-/Monat} + 550\,000\text{ kg Auslagerung/Monat})} \times 100\text{ kg} = \underline{\underline{0{,}108\text{ €/100 kg}}}$$

Preisuntergrenzen

3.01

a) **WAGENKNECHTS Selbstkosten betragen 848,00 €.**

€			,	
8	4	8	0	0

Wagenknecht hat auf seine Selbstkosten 10 % Gewinn aufgeschlagen. Somit handelt es sich bei seinem im Angebot angegebenen Tages- bzw. km-Satz um einen vermehrten Grundwert von jeweils 110 %. Die Selbstkosten (100 %) können mit Hilfe des Dreisatzes ermittelt werden:

110 % – 418,00 €

100 % – ? €

$$\frac{418{,}00\ € \times 100\ \%}{110\ \%} \longrightarrow \text{Tagessatz} = 380{,}00\ €$$

110 % – 0,88 €

100 % – ? €

$$\frac{0{,}88\ € \times 100\ \%}{110\ \%} \longrightarrow \text{km-Satz} = 0{,}80\ €$$

Die Selbstkosten für die Relation AC – KN (585 km) betragen also:

	Tagessatz	380,00 €
+	gefahrene km (0,80 x 585 km)	468,00 €
=	Selbstkosten	848,00 €

Alternativ können die Selbstkosten auch aus dem im Angebot genannten Rechnungspreis abgeleitet werden:

119 % – 1.110,03 € (Rechnungspreis)

100 % – ? € (Nettopreis)

$$\frac{1.110{,}03\ € \times 100\ \%}{119\ \%} = 932{,}798\ € \approx 932{,}80\ €$$

110 % – 932,80 € (Wert einschließlich 10 % Gewinn)

100 % – ? € (Selbstkosten)

$$\frac{932{,}80\ € \times 100\ \%}{110\ \%} = \underline{\underline{848{,}00\ €}}$$

3.01 Preisuntergrenzen

b) **Der Gesamterlös, der zur Deckung der fixen Kosten übrigbleibt, beträgt 928,00 €.**

€ 9 2 8 , 0 0

20 LKW umfasst der Fuhrpark von Wagenknecht. Dieser ist zu 80 % von seiner Kapazität her ausgelastet, somit 20 LKW x 0,8 = 16 LKW. Damit verfügt er über 4 nicht beschäftigte LKW, die er für seinen Neukunden einsetzen könnte.

	Nettoerlös für 4 eingesetzte Fahrzeuge (4 Fahrzeuge x 700,00 €/Fahrzeug)	2.800,00 €
–	Kosten, die ausschließlich durch die Transporte verursacht, also auf jeden Fall gedeckt werden müssen (4 Fahrzeuge x 468,00 € variable Kosten/Fahrzeug)	1.872,00 €
=	Gesamterlös, der übrigbleibt, um die fixen Kosten zu decken	928,00 €

Würde Wagenknecht den Auftrag nicht annehmen, so wären die Fixkosten der 4 nicht beschäftigten Fahrzeuge i. H. v. 4 Fahrzeugen x 380,00 € je Fahrzeug, also somit insgesamt 1.520,00 €, nicht gedeckt.

Durch Annahme des Auftrages, können diese nun mit 928,00 € zumindest teilweise gedeckt werden.

Deckungsbeitrag = Erlös – variable Kosten
(DB) = (E) – (Kv)

c) **Die Preisuntergrenze liegt bei 468,00 €.**

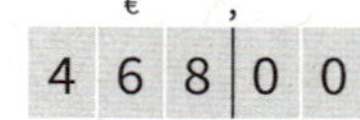

Da die variablen Kosten (468,00 € je Fahrzeug) auf jeden Fall gedeckt werden müssen, würde das Unterschreiten dieses Betrages Verlust bringen. Der Deckungsbeitrag wäre dann negativ.

d) **Die von Wagenknecht kalkulierten Kosten, die auch bezahlt werden müssen, betragen 593,60 €.**

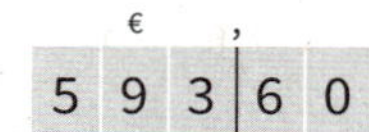

Da die Selbstkosten (848,00 €) kalk. Kosten enthalten (z. B. Eigenkapitalzinsen, kalk. Unternehmerlohn), die nicht bzw. nicht mehr (im Fall der kalk. Abschreibungen) zu einer Ausgabe führen, kann notfalls – zumindest aus liquiditätsorientierter Sicht – auf diese Kosten verzichtet werden. Die Höhe dieser Kosten wurde mit 30 % angegeben, sodass die restlichen 70 % vermutlich ausgabewirksam sind:

	848,00 € (kalkulierte Selbstkosten)
–	254,40 € (30 % von 848,00 €)
=	593,60 € (liquiditätsorientierte Preisuntergrenze)

e) **Die langfristige Preisuntergrenze liegt bei 848,00 €.**

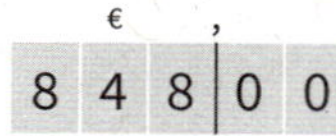

Langfristig muss Wagenknecht alle (fixen und variablen) Kosten decken können, da sonst die Substanz seiner Unternehmung gefährdet wird. Sein Eigenkapital könnte ansonsten dadurch ausgehöhlt werden.

Preisuntergrenzen 3.01

Ergänzende Darstellung zu den Lösungserläuterungen 3.01 c) – e)

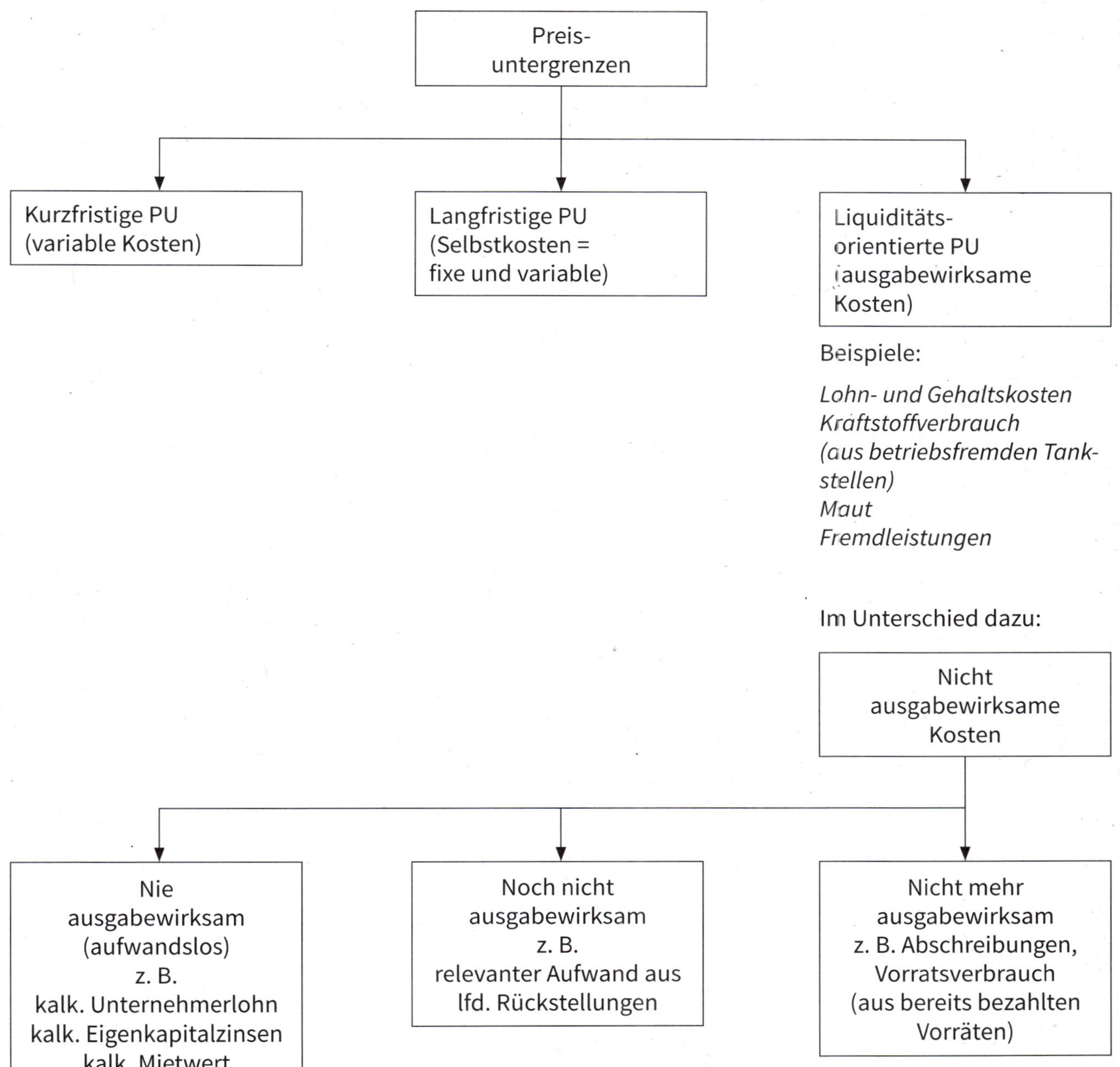

3.02 Deckungsbeitragsrechnung

€ ,
5 4 0 | 0 0

a) **Der Stückdeckungsbeitrag (db) der A-Logistics beträgt 540,00 €.**

Der Stückdeckungsbeitrag (db) ist die Differenz zwischen dem Stückerlös und den variablen Stückkosten:

	860,00 €	Nettoverkaufserlös je Auftrag
–	320,00 €	durchschnittliche variable Kosten je Auftrag
=	540,00 €	Stückdeckungsbeitrag (db)

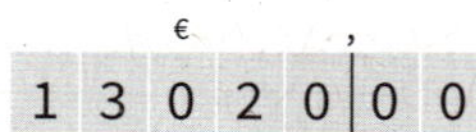

b) **Der Gesamtdeckungsbeitrag (DB) der B-Logistics beträgt 13.020,00 €.**

	544,00 €	Nettoverkaufserlös je Auftrag
–	502,00 €	durchschnittliche variable Kosten je Auftrag
=	42,00 €	Stückdeckungsbeitrag (db)

42,00 € db x 310 Aufträge = 13.020,00 € Gesamtdeckungsbeitrag (DB)

Deckungsbeitragsrechnung 3.02

c) **Das Monatsergebnis der LOGISPED beträgt (-) 100.865,00 €.**

	285,00 €	Nettoverkaufserlös je Auftrag
–	38,00 €	durchschnittliche variable Kosten je Auftrag
=	247,00 €	Stückdeckungsbeitrag (db) für C-logistics

Multipliziert man die Stückdeckungsbeiträge der drei Bereiche mit der Anzahl der jeweiligen Aufträge, erhält man den Gesamtdeckungsbeitrag dieser drei Bereiche:

A-logistics:	540,00 € db	x	55 Aufträge	=	29.700,00 € DB
B-logistics:	42,00 € db	x	310 Aufträge	=	13.020,00 € DB
C-logistics:	247,00 € db	x	290 Aufträge	=	71.630,00 € DB
Gesamtdeckungsbeiträge				=	114.350,00 € DB

$$\frac{2.582.580{,}00 \text{ € Fixkosten/Jahr}}{12 \text{ Monate}} = 215.215{,}00 \text{ € monatl. Fixkosten}$$

Subtrahiert man von diesem Betrag die monatlichen Fixkosten, ergibt sich das Monatsergebnis:

	114.350,00 €	Gesamtdeckungsbeitrag
–	215.215,00 €	Fixkosten
=	– 100.865,00 €	Monatsergebnis (Verlust)

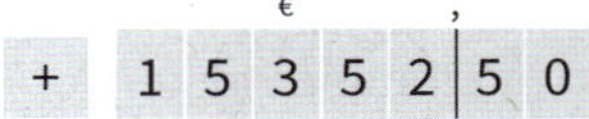

d) **Das optimierte Monatsergebnis beträgt (+) 15.352,50 €.**

–	100.865,00 €	(altes) Monatsergebnis (Verlust)
–	13.020,00 €	DB der B-logistics, der wegfällt
+	107.607,50 €	50 % Ersparnis der Fixkosten (215.215,00 € Fixkosten/Monat : 2)
–	50.000,00 €	Marketingkosten für C-logistics
+	71.630,00 €	100 % Zuwachs für C-logistics
=	15.352,50 €	optimiertes Monatsergebnis (Gewinn)

3.03 Break-even-Analyse

Touren

2	1	0	0

a) **Die WESTTRANS GmbH erreicht die Gewinnschwelle bei 2 100 Touren.**

Die Gewinnschwelle (Break-even-Point) wird erreicht, wenn durch die Erlöse die gesamten (fixen und variablen) Kosten gedeckt werden. Der Break-even-Point (BEP) stellt somit den Übergang von der Verlust- in die Gewinnzone dar:

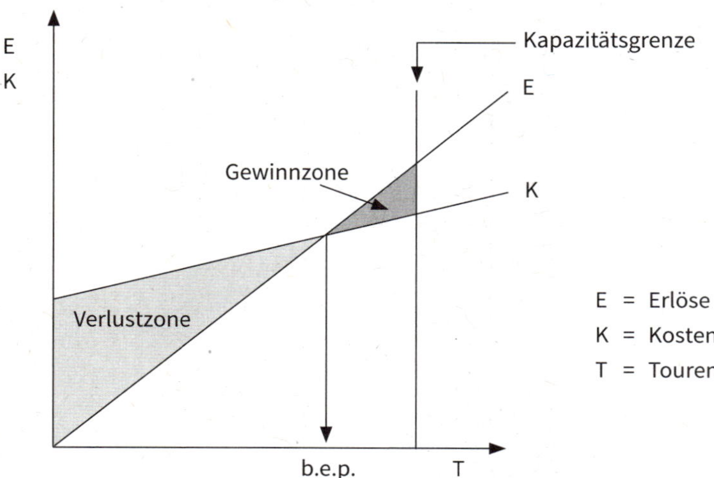

E = Erlöse
K = Kosten
T = Touren

Rechnerisch gilt also: € = K, wobei sich hier der Erlös (E) aus dem Preis je Tour und der Anzahl der Touren (T) ergibt:

(1) E = 1.200,00 €/T x T

Die Gesamtkosten setzen sich zusammen aus den Fixkosten und den variablen Kosten je Tour:

(2) K = 1,575 Mio. € Fixkosten/Jahr + 450,00 €/T x T

Stellt man die Gleichungen (1) und (2) gegenüber, setzt also € = K, lässt sich die Anzahl der Touren errechnen, die für das Erreichen der Gewinnschwelle notwendig ist:

1.200,00 €/T x T = 1.575.000,00 € Fixkosten/Jahr + 450,00 €/T x T

Durch das Auflösen der Gleichung nach T erhält man den Break-even-point:

1.200	x	T	=	1.575.000 + 450 x T	(– 450 x T)
750	x	T	=	1.575.000	: 750
		T	=	2 100	

Der BEP liegt schon bei 2 100 Touren. Dies sind somit 200 Touren weniger als das Auftragsvolumen von 2 300 Touren. Der Auftrag bringt demnach **Gewinn.**

Deckungsbeitrag und Break-even-Analyse 3.03

b) **Der Auslastungsgrad im BEP liegt bei 87,5 %.**

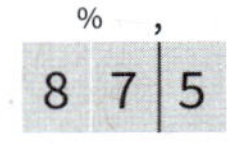

Da die Kapazitätsgrenze der WESTTRANS GmbH bei 2 400 Touren jährlich liegt, ist der Fuhrpark bei 2 100 Touren mit 87,5 % ausgelastet:

2 400 T – 100 %

2 100 T – ? %

$$\frac{100\,\% \times 2\,100\text{ T}}{2\,400\text{ T}} = \underline{\underline{87{,}5\,\%}}$$

c) **Der jährlich zu erzielende Gewinn beträgt 150.000,00 €.**

Gewinn = Erlöse – Kosten

	2.760.000,00 €	Erlöse (2 300 T x 1.200,00 €/T)
–	1.035.000,00 €	variable Kosten (2 300 T x 450,00 €/T)
–	1.575.000,00 €	fixe Kosten
=	150.000,00 €	Gewinn

Alternative Rechnung:

1.200,00 €/T – 450,00 €/T	=	750,00 €/T	Stückdeckungsbeitrag (db)
750,00 €/T x 2 300 T	=	1.725.000,00 €	Gesamtdeckungsbeitrag (DB)

	1.725.000,00 €	Gesamtdeckungsbeitrag
–	1.575.000,00 €	Fixkosten
=	150.000,00 €	Gewinn

d) **Das Gewinnmaximum liegt bei 225.000,00 €.**

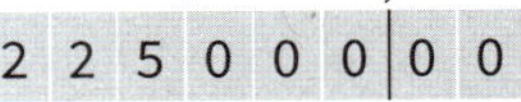

Das Gewinnmaximum der WESTTRANS GmbH liegt an der Kapazitätsgrenze, da hier die Differenz zwischen dem Erlös und den Kosten am größten ist (siehe oben).

	2.880.000,00 €	Erlösmaximum (2 400 T x 1.200,00 €/T)
–	1.080.000,00 €	variable Kosten (2 400 T x 450,00 €/T)
–	1.575.000,00 €	Fixkosten
=	225.000,00 €	Gewinnmaximum

oder:

	1.800.000,00 €	DB (2 400 T x 750,00 €/T)
–	1.575.000,00 €	Fixkosten
=	225.000,00 €	Gewinnmaximum

3.04 Kostenspaltung

€/km
2,3 0

a) **Die Vollkosten in Euro je km betragen 2,30 €/km.**

Die Aufspaltung und Addition der Kosten in Tsd. € ergibt folgendes Bild:

Kostenarten	gesamt	fix	variabel
Personal	640	160	480
Treibstoff	800	80	720
Ersatzteile/Reparaturen	160	48	112
Reifen	120	18	102
Steuern/Versicherungen	220	176	44
Abschreibungen	180	180	0
Zinsen	100	100	0
sonstige Kosten	80	16	64
Gesamtkosten	2.300	778	1.522

2.300.000,00 € Vollkosten/Jahr : 1 000 000 km Fahrleistung/Jahr = 2,30 €/km

€/km
1,5 2 2

b) **Die kurzfristige Preisuntergrenze liegt bei 1,522 €/km.**

Die beschäftigungsabhängigen (variablen) Kosten müssen mindestens gedeckt werden:

1.522.000,00 € variable Kosten/Jahr : 1 000 000 km Fahrleistung/Jahr = 1,522 €/km

km
7 6 4 2 4 4

c) **Der Break-even-Point liegt bei 764 244 km.**

Die Gewinnschwelle (der Break-even-Point) befindet sich dort, wo der Gesamterlös gleich den Gesamtkosten ist.

Daraus folgt:

Durchschnittlich erzielbarer Preis x km = fixe Kosten + (variable Kosten/km x km)

2,54 € x km = 778.000,00 € + (1,522 €/km x km) | – (1,522 € x km)
1,018 €/km x km = 778.000,00 € | : 1,018
km = 764 243,61 km ≈ 764 244 km

oder alternativ 2. Berechnungsvariante:

$$\text{BEP (in km)} = \frac{\text{Summe der Fixkosten}}{\text{Stückpreis} - \text{variable Stückkosten}} = \frac{\text{Summe der Fixkosten}}{\text{Stückdeckungsbeitrag}}$$

$$= \frac{778.000{,}00\ €}{2{,}54\ € - 1{,}522\ €/\text{km}} = \frac{778.000{,}00\ €}{1{,}018\ €/\text{km}} = 764\,243{,}61\ \text{km} \approx 764\,244\ \text{km}$$

Kostenspaltung 3.04

d) **Um 182.000,00 € Gewinn zu erzielen, muss die Kilometerleistung 943 026 km betragen.**

km
9 4 3 0 2 6

Wenn die Gewinnschwellenmenge (der BEP) durch den Quotient aus den Fixkosten und dem Stückdeckungsbeitrag je km bestimmt werden kann (vgl. die 2. Berechnungsvariante unter c), lässt sich die Berechnung wie folgt erweitern:

$$\frac{778.000{,}00\text{ € Fixkosten} + 182.000{,}00\text{ € Gewinn}}{1{,}018\text{ €/km Stückdeckungsbeitrag}} = 943\,025{,}54\text{ km} \approx \underline{\underline{943\,026\text{ km}}}$$

Kontrollrechnung (G = € – K):

	2.395.284,87 €	(943 025,54 km x 2,54 €/km Erlös)
–	1.435.284,87 €	(943 025,54 km x 1,522 €/km variable Kosten)
–	778.000,00 €	Fixkosten
=	182.000,00 €	Gewinn

Bilanzkennzahlen 3.05

a) **Die Anlagenintensität beträgt 77,46 %.**

% ,
7 7 | 4 6

$$\text{Anlagenintensität} = \frac{\text{Anlagevermögen}}{\text{Gesamtvermögen}} \times 100$$

$$= \frac{(22.000 + 3.500 + 8.400 + 2.600)}{47.120} \times 100$$

$$= \frac{36.500}{47.120} \times 100$$

$$= 77{,}461\,\% \approx \underline{\underline{77{,}46\,\%}}$$

Ein hohes Anlagevermögen bedeutet hohe Fixkosten.

3.05 Bilanzkennzahlen

%		,	
1	8	0	4

b) **Die Forderungsintensität beträgt 18,04 %.**

$$\text{Forderungsintensität} = \frac{\text{Forderungen a. LL}}{\text{Gesamtvermögen}} \times 100$$

$$= \frac{8.500}{47.120} \times 100$$

$$= 18{,}039\ \%$$

$$\approx \underline{\underline{18{,}04\ \%}}$$

Eine hohe Forderungsintensität kann ein Anzeichen für einen „schleppenden" Forderungseingang sein.

%		,	
5	7	3	0

c) **Die Eigenkapitalquote beträgt 57,30 %.**

$$\text{Eigenkapitalquote} = \frac{\text{Eigenkapital}}{\text{Gesamtvermögen}} \times 100$$

$$= \frac{(11.000 + 8.000 + 1.000 + 7.000)}{47.120} \times 100$$

$$= \frac{27.000}{47.120} \times 100$$

$$= \underline{\underline{57{,}30\ \%}}$$

Die Eigenkapitalquote zeigt den Grad der finanziellen Unabhängigkeit. Das Verhältnis vom Eigenkapital zum Fremdkapital sollte ausgewogen sein **(sog. 1:1-Regel)**.

Bilanzkennzahlen

3.05

d) **Der Anlagendeckungsgrad II beträgt 114,52 %.**

%			,	
1	1	4	5	2

$$\text{Anlagendeckungsgrad II} = \frac{\text{(Eigenkapital + langfristige Fremdkapital)}}{\text{Anlagevermögen}} \times 100$$

$$= \frac{(27.000 + 1.600 + 13.200)}{36.500} \times 100$$

$$= \frac{41.800}{36.500} \times 100$$

$$= \underline{\underline{114{,}52\ \%}}$$

Das langfristige Fremdkapital ist hier die Hälfte der Rückstellungen und die Verbindlichkeiten mit einer Restlaufzeit von über 4 Jahren.

Der Anlagendeckungsgrad II sollte über 100 % liegen, da das langfristig gebundene Anlagevermögen durch langfristiges Kapital finanziert sein sollte **(Goldene Bilanzregel)**.

3.05 Bilanzkennzahlen

Tsd. €

5 3 0 0

e) **Das Working Capital beträgt 5.300 Tsd. €.**

Working Capital = Umlaufvermögen – kurzfristige Verbindlichkeiten

Zum Umlaufvermögen zählen:

	600 Tsd. €	Vorräte
+	8.500 Tsd. €	Forderungen a. LL
+	20 Tsd. €	Kasse
+	1.500 Tsd. €	Bankguthaben
=	10.620 Tsd. €	Umlaufvermögen

Zu den kurzfristigen Verbindlichkeiten zählen:

	800 Tsd. €	Bilanzgewinn (als kfr. Verbindlichkeiten gegenüber den Aktionären)
+	1.600 Tsd. €	andere Hälfte der Rückstellungen
+	2.800 Tsd. €	Verbindlichkeiten a. LL
+	120 Tsd. €	sonstige kurzfristige Verbindlichkeiten
=	5.320 Tsd. €	Kurzfristige Verbindlichkeiten

	10.620 Tsd. €	Umlaufvermögen
–	5.320 Tsd. €	Kurzfristige Verbindlichkeiten
=	5.300 Tsd. €	Working Capital

Die 5.300 Tsd. € des Umlaufvermögens werden durch langfristiges Kapital finanziert bzw. zur Deckung der kurzfristigen Verbindlichkeiten ist nicht das gesamte kurzfristig verfügbare Umlaufvermögen erforderlich. Das Working Capital dient zur Beurteilung der Zahlungsfähigkeit und damit auch der Kreditwürdigkeit (der Bonität) einer Unternehmung.

Bilanzkennzahlen

3.05

%			,	
1	8	8	3	5

f) **Die Liquidität 2. Grades (die einzugsbedingte Liquidität) beträgt 188,35 %.**

$$\text{Liquidität 2. Grades} = \frac{\text{(flüssige Mittel + kurzfristige Forderungen)}}{\text{kurzfristige Verbindlichkeiten}} \times 100$$

Zu den flüssigen Mitteln zählen das Bankguthaben und die Kasse.

Die Zusammensetzung der kurzfristigen Verbindlichkeiten können Sie der Zwischenrechnung bei e) bzw. der Aufgabenstellung entnehmen.

$$= \frac{(1.500 + 20 + 8.500)}{(800 + 1.600 + 2.800 + 120)} \times 100$$

$$= \frac{10.020}{5.320} \times 100$$

$$= 188{,}345\ \% \approx \underline{\underline{188{,}35\ \%}}$$

Um ausreichend zahlungsfähig zu sein, sollte die einzugsbedingte Liquidität über 100 % betragen.

3.06 Erfolgskennzahlen

a) **Die Eigenkapitalrentabilität (die Eigenkapitalrendite) beträgt 9,95 %.** % , 9 9 5

$$\text{Eigenkapitalrentabilität} = \frac{\text{Gewinn}}{\text{Eigenkapital}} \times 100\,\%$$

Die Eigenkapitalrentabilität zeigt die Verzinsung des Eigenkapitals an.

Da die Eigenkapitalquote der SPELOTRANS GmbH bei 33,5 % lag und die Bilanzsumme 24 Mio. € betrug, kann die Höhe des Eigenkapitals rechnerisch bestimmt werden:

33,5 % von 24 Mio. € Bilanzsumme = 8,04 Mio. € Eigenkapital

$$\frac{800.000\,€\ \text{Jahresüberschuss}}{8.040.000\,€\ \text{Eigenkapital}} \times 100\,\% = \underline{\underline{9{,}95\,\%}}$$

b) **Die Gesamtkapitalrentabilität (die Gesamtkapitalrendite) beträgt 6,27 %.**

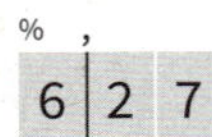

$$\text{Gesamtrentabilität} = \frac{(\text{Gewinn} + \text{Fremdkapitalzinsen})}{\text{Gesamtkapital}} \times 100$$

Die Gesamtrentabilität zeigt, wie sich Eigen- und Fremdkapital gemeinsam verzinst haben.

Eigen- und Fremdkapital bilden die Summe der Passiva, also das Gesamtkapital. Da die Höhe des Eigenkapitals 8,04 Mio. € beträgt, liegt das Fremdkapital bei 15,96 Mio. €. Die Bilanzsumme entspricht dem Gesamtkapital von 24 Mio. €.

Der Gewinn fällt dem Eigenkapital zu, die Fremdkapitalzinsen stehen dem Fremdkapital(geber) zu.

$$\frac{(800.000\,€\ \text{Gewinn} + 200.000\,€\ \text{Fremdkapitalzinsen})}{15.960.000\,€\ \text{Gesamtkapital}} \times 100 = 6{,}265\,\% \approx \underline{\underline{6{,}27\,\%}}$$

Erfolgskennzahlen

3.06

c) **Die Umsatzrentabilität (die Umsatzrendite) beträgt 3,50 %.**

% , 3 | 5 0

$$\text{Umsatzrentabilität} = \frac{\text{Gewinn}}{\text{Umsatzerlöse}} \times 100\,\%$$

Die Umsatzrentabilität zeigt, wie viel Euro Gewinn auf 100,00 € Umsatz entfallen.

$$\frac{800.000\text{ € Gewinn}}{22.880.000\text{ € Umsatzerlöse}} \times 100 = 3{,}496\,\% \approx \underline{\underline{3{,}50\,\%}}$$

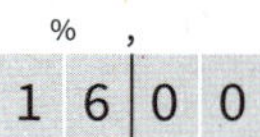

d) **Die Cashflow-Umsatzverdienstrate beträgt 16,00 %.**

$$\text{Cashflow-Umsatzverdienstrate} = \frac{\text{Cashflow}}{\text{Umsatzerlöse}} \times 100\,\%$$

Der Cashflow stellt eine Verfeinerung bei der Berechnung der Ertragskraft eines Unternehmens dar. Korrigiert man den Jahresüberschuss (den Gewinn) um die Aufwendungen, die **keine Ausgaben mehr** sind (z. B. die Abschreibungen) oder solche, die **noch keine Ausgaben** sind (z. B. den Aufwand, der zurückgestellt wurde), vergrößert sich der Gewinn wieder um diese Aufwendungen, die vorher abgezogen wurden. Durch diese Korrekturen nicht-ausgabewirksamer Positionen (*) wird die eigentliche Ertrags- und Selbstfinanzierungskraft einer Unternehmung deutlich:

	Betrag	Position
	800.000,00 €	Jahresüberschuss (Gewinn)
+	2.800.000,00 €	Abschreibungen (keine Ausgabe mehr)
+	60.000,00 €	Prozesskostenrückstellung (noch keine Ausgabe)
	3.660.000,00 €	Cashflow

Da der Cashflow als Einnahmenüberschussgröße das Volumen für Investitionszwecke, Kredittilgungen und dergleichen abbildet, zeigt die Cashflow-Umsatzverdienstrate, wie viel Euro für diese Zwecke durch 100,00 € Umsatzerlöse erwirtschaftet wurden:

$$\frac{3.660.000\text{ € Cashflow}}{22.880.000\text{ € Umsatzerlöse}} \times 100 = 15{,}996\,\% \approx \underline{\underline{16\,\%}}$$

(*) Auch **Erträge, die nicht einnahmewirksam sind** (z. B. Erträge aus der Auflösung von Rückstellungen), korrigieren den Gewinn. Sie müssten abgezogen werden.

3.07 Statistik

Statistik I Übersicht Güterumschlag im Hamburger Hafen

Richtig sind die Aussagen 1., 2. und 7.

1 2 7

1. Die Aussage ist richtig.

In den Jahren 2013, 2014 und 2015 nahm der Massengutumschlag kontinuierlich von 39,4 Mio. t im Jahr 2012, auf 42,3 Mio. t für 2013, über 43,0 Mio. t. für 2014 bis auf 45,5 Mio. t im Jahr 2015 zu.

2. Die Aussage ist richtig.

Der Containerisierungsgrad (Anteil am Stückgut in Prozent) im Jahr 2010 betrug 96,7 Prozent., d. h., 3,3 % wurden nicht containerisiert. Bei einem Umschlagsvolumen beim Stückgut von 73,6 Mio. t ergibt dies (auf eine Nachkommastelle gerundet) 2,4 Mio. t.

$$\frac{73{,}6 \text{ Mio. t} \times 3{,}3\,\%}{100\,\%} = 2{,}42 \approx 2{,}4 \text{ Mio. t}$$

3. Die Aussage ist falsch.

Im Jahr 2012 gab es beim Stückgut (im Vergleich zum Vorjahr 2011) einen Anstieg von 80,9 Mio. t auf 91,5 Mio. t.

4. Die Aussage ist falsch.

Im Jahr 2009 wurde ein Containerisierungsgrad von 97,1 % erreicht. Im Folgejahr 2010 fiel er auf 96,7 % geringfügig zurück und im Jahr 2011 lag er mit 96,8 % ebenfalls unter dem Wert von 2009.

5. Die Aussage ist falsch.

Saug- und Greifergut ergeben in 2014 zusammen (8,2 Mio. t + 20,4 Mio. t) = 28,6 Mio. t.
Der Anteil des Greifergutes liegt bei 71,3 % (auf eine Nachkommastelle gerundet):

28,6 Mio. t – 100 %
20,4 Mio. t – ?

$$\frac{100\,\% \times 20{,}4 \text{ Mio. t}}{28{,}6 \text{ Mio. t}} = 71{,}32\ldots \approx 71{,}3\,\%$$

Statistik 3.07

6. Die Aussage ist falsch.

Im Jahr 2013 wurden 14,5 Mio. t Flüssigladungen umgeschlagen. Das sind 6,5 Mio. t mehr als an Sauggut umgeschlagen wurde:

14,5 Mio. t Flüssigladung – 8,0 Mio. t Sauggut = 6,5 Mio. t

7. Die Aussage ist richtig.

Im Jahr 2011 wurden 7.896 x 1.000 TEU, also 7.896.000 TEU umgeschlagen. Dividiert man dieses Volumen durch das Fassungsvermögen des Seeschiffes, ergibt sich der Faktor 1316.

7.896.000 TEU : 6.000 TEU = 1316 Containerschiffbeladung

Statistik II Tabellarische Darstellung und Auswertung von Bestandsgrößen

Liter		,	
3	2	9	6

a) **Durchschnittlicher Kraftstoffverbrauch je 100 km: 32,96 l**

	32 000 l	Entnahmen Januar
+	67 450 l	Entnahmen Februar
+	71 610 l	Entnahmen März
=	171 060 l	Entnahmen 1. Quartal

	504 000 km	Last 1. Quartal
+	15 000 km	leer 1. Quartal
=	519 000 km	gefahrene km 1. Quartal

$$\frac{\text{Summe der Entnahmen in Liter}}{\text{Summe der gefahrenen km}} \times 100 \text{ km} = \text{Verbrauch in Liter/100 km}$$

$$\frac{171\,060 \text{ l Entnahmen}}{519\,000 \text{ km}} \times 100 \text{ km} = 32{,}959... \approx \underline{\underline{32{,}96 \text{ l/100 km}}}$$

3.07 Statistik

€ ,
0 | 8 3 3

b) **Durchschnittlicher Literpreis der Kraftstoffzukäufe im 1. Quartal: 0,833**

Anmerkung: Der durchschnittliche Preis stellt das gewogene arithmetische Mittel dar, d. h., die Literpreise sind mit den jeweiligen Zukaufmengen zu multiplizieren und erhalten dadurch ihre Gewichtung:

Zeitraum	Zukäufe in Liter	Preis je Liter	Gesamtpreis in €
Januar	55 000	0,899	49.445,00
Februar	60 000	0,845	50.700,00
März	75 000	0,775	58.125,00
1. Quartal	190 000	Summen	158.270,00

$$\frac{\text{Summe der Zukäufe in €}}{\text{Summe der Kaufmengen in Liter}} = \text{durchschnittlicher Literpreis in €}$$

$$\frac{158.270{,}00\ €}{190\ 000\ l} = 0{,}833\ € \approx \underline{\underline{0{,}833\ €/\text{Liter}}}$$

Liter ,
9 6 1 6 3 | 3 3

c) **Durchschnittlicher Kraftstoffbestand je Monat: 96.163,33 l**

Bestand Ende 01:	77 000 – 32 000 + 55 000 =	100 000 l
Bestand Ende 02:	100 000 – 67 450 + 60 000 =	92 550 l
Bestand Ende 03:	92 550 – 71 610 + 75 000 =	95 940 l
		288 490 l

288 490 l : 3 Monate = 96 163,333... ≈ $\underline{\underline{\text{96 163,33 Liter je Monat}}}$

d) **Höhe des Kraftstoffverbrauchs für gefahrene Leerkilometer: 4 943,9 l**

Liter ,
4 9 4 4 | 0

Bei Verwendung des Ergebnisses von a) ist auch richtig: 4 944,0 l

519 000 km (Last- u. Leer-km) – 171 060 l = (Summe der Kraftstoffentnahmen)
15.000 km (Leer-km) – ? l

$$\frac{\text{171 060 l Entnahmen x 15 000 km Leer}}{\text{519 000 km Gesamt}} = 4\ 943{,}930\ldots \approx \underline{\underline{4\ 943{,}9\ l}}$$

oder:

$$\frac{\text{32,96 l/100 km x 15 000 km Leer}}{\text{100 km}} = \underline{\underline{4\ 944{,}0\ l}}$$

Statistik 3.07

e) **Höhe des Kraftstoffverbrauchs bei Vollbeschäftigung: 213 825,0 l**

Bei Verwendung des Ergebnisses von a) ist auch richtig: 213 828,0 l

Liter						
2	1	3	8	2	5	0

oder

Liter						
2	1	3	8	2	8	0

80 % – 171 060 l Beschäftigungsgrad 80 %
100 % – ? l Vollbeschäftigung 100 %

$$\frac{171\,060 \text{ l Entnahmen} \times 100\,\%}{80\,\%} = \underline{\underline{213\,825{,}0 \text{ l}}}$$

oder:

	504 000	Lastkilometer
+	15 000	Leerkilometer
=	519 000	Gesamtkilometer

80 % – 519 000 km I Beschäftigungsgrad 80 %
100 % – ? km I Vollbeschäftigung 100 %

$$\frac{519\,000 \text{ km} \times 100\,\%}{80\,\%} = 648\,750 \text{ km (Kapazitätsvollauslastung)}$$

$$\frac{648\,750 \text{ km} \times 32{,}96 \text{ l/100 km}}{100 \text{ km}} = \underline{\underline{213.828{,}0 \text{ l}}}$$

Hinweis:

Die Leerkilometer sind notwendig, um die Anfahrten zum Kunden bzw. die Rückfahrten zum Standort durchzuführen und sind somit ein „notwendiges Übel" für die Auftragsdurchführung. Die Leerkilometer sind somit auch ein Bestandteil der Kapazitätsauslastung.

3.07 Statistik

Statistik III Grafische Darstellung der Erlös- und Kostensituation

a) Gewinnzone (bei Vollkostendeckung): b – c – d
b) Gewinnzone (bei Teilkostendeckung): h – c – g
c) Break-even-Point: b
d) Deckungsbeitrag ist gleich Null: h
e) Gewinnmaximum (bei Vollkostendeckung): c – d
f) Gewinnmaximum (bei Teilkostendeckung): c – g
g) Verlustmaximum: a – h

zu a)	b – c – d
zu b)	h – c – g
zu c)	b
zu d)	h
zu e)	c – d
zu f)	c – g
zu g)	a – h

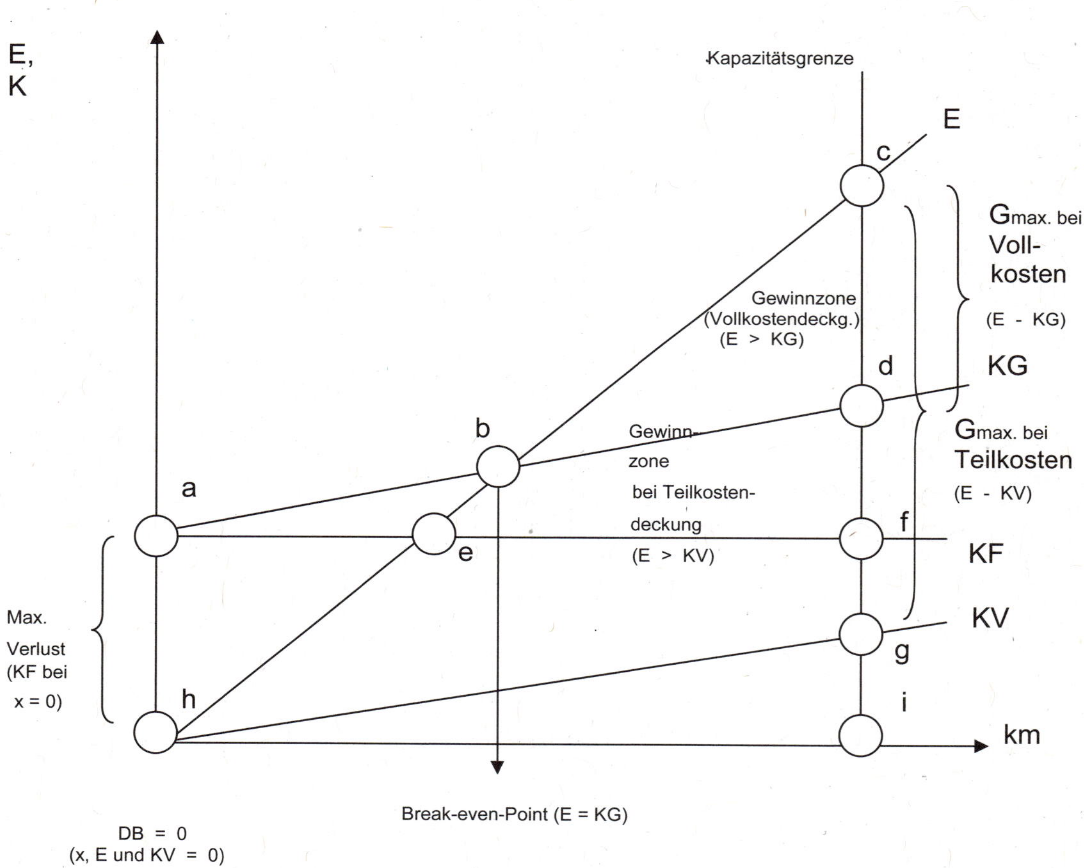

Fallstudie zum Thema: Controlling 3.08

Ergebnistabelle (Werte in Tsd.)								
Geschäftsbuchführung (RK I)			Abgrenzungsbereich				KLR (RK II)	
Unternehmensergebnis			Unternehmensbezogene Abgrenzungen		Kostenrechnerische Korrekturen		Betriebsergebnis	
Konto	Aufwand	Ertrag	Aufwand	Ertrag	Aufwand lt. RK I	Verrechnete Kosten	Kosten	Leistungen
20	32		32					
21	118		118					
22	51				51	198	198	
247	966				966	457	457	
249	150				150	60	60	
25		1.880		1.880				
26		150		150				
40	1.450						1.450	
41	4.688						4.688	
42	433						433	
44	212						212	
45	145						145	
46	540						540	
70	1.950						1.950	
74	6.755						6.755	
75	1.050						1.050	
80		5.200						5.200
84		11.675						11.675
85		1.060						1.060
Kalk. Miete						88	88	
Kalk. U-Lohn						104	104	
Summen	18.540	19.965	150	2.030	1.167	907	18.130	17.935
Salden	**1.425**		**1.880**			**260**		**195**
Summen	19.965	19.965	2.030	2.030	1.167	1.167	18.130	18.130

1. Unternehmensergebnis = Ergebnis aus unternehmensbez. Abgrenzungen + Ergebnis aus kostenrechn. Korrekturen + Betriebsergebnis

+ 1.425 Tsd. € + 1.880 Tsd. € – 260 Tsd. € – 195 Tsd. €

3.08 Fallstudie zum Thema: Controlling

2.

Der Rohertrag ist die Differenz zwischen den Speditionserlösen und den Speditionskosten:

	Summe der Speditionserlöse (Konto 84):	11.675.000,00 €
–	Summe der Speditionkosten (Konto 74):	6.755.000,00 €
=	Rohertrag (Kraftwagenspedition):	4.920.000,00 €

11.675.000,00 € = 100 %

4.920.000,00 € = ? (Rohertrag in % vom Umsatz)

$$\frac{\text{4.920.000,00 € Rohertrag}}{\text{11.675.000,00 € Umsatzerlöse}} \times 100 = \underline{\underline{\text{42,14 \% Rohertrag vom Umsatz}}}$$

3.

3.1

Die Aussage stimmt, weil der Rohertrag die Differenz zwischen den Speditionserlösen der Klasse 8 und den Speditionskosten der Klasse 7 darstellt:

	5.200 Tsd. €	Erlöse Internationale Spedition
+	11.675 Tsd. €	Erlöse Kraftwagenspedition
+	1.060 Tsd. €	Erlöse Bahnspedition
=	17.935 Tsd. €	Speditionserlöse (Klasse 8)

	1.950 Tsd. €	Kosten Internationale Spedition
+	6.755 Tsd. €	Kosten Kraftwagenspedition
+	1.050 Tsd. €	Kosten Bahnspedition
=	9.755 Tsd. €	Speditionskosten (Klasse 7)

	17.935 Tsd. €	Speditionserlöse (Klasse 8)
–	9.755 Tsd. €	Speditionskosten (Klasse 7)
=	8.180 Tsd. €	= 8,18 Mio € Rohertrag Spedition

$$\text{Wirtschaftlichkeit} = \frac{\text{Leistungen}}{\text{Kosten}}$$

$$\text{Wirtschaftlichkeit} = \frac{\text{17.935 Tsd. € Leistungen}}{\text{18.130 Tsd. € Kosten}} = 0{,}989 \text{ also } \underline{\underline{0{,}99}}$$

Fallstudie zum Thema: Controlling 3.08

3.2

Die Aussage stimmt, da der Zinsaufwand im Berichtsjahr mit 51.000,00 € (Konto 22) wesentlich unter dem kalk. Durchschnittsbetrag von 198.000,00 € (Kalk. Zinsen) liegt.

3.3

Es stimmt zwar, dass der hier angesetzte kalk. Unternehmerlohn mit 104.000,00 € über dem mit der sog. Seifenformel

18 x √ Umsatz = 18 x √ (5.200 Tsd. € + 11.675 Tsd. € + 1.060 Tsd. €) = 76.229,52 €

ermittelbaren Unternehmerlohn liegt, der Ansatz weicht jedoch nicht dramatisch davon ab.
Andere Faktoren, wie vergleichbare Gehälter in ähnlicher Position, das Ausmaß der unternehmerischen Tätigkeit usw. können einen höheren Betrag rechtfertigen. Außerdem steht die Frage ungeklärt im Raum, ob ein niedrigerer Unternehmerlohn zu mehr Umsatz geführt hätte.

3.4

Die Aussage stimmt, da ohne die außerordentlichen Erträge i. H. v. 1,88 Mio. € (Konto 25) und betriebs- und periodenfremden Erträge i. H. v. 150.000,00 € (Konto 26) ein Unternehmensgewinn von 1,425 Mio. € nicht möglich gewesen wäre.

Maßnahmen zur Verbesserung der Kreditwürdigkeit

- Konzentration auf die Kernkompetenz(en) oder ggf. Wechsel des Gegenstands der Unternehmung
- Kostensenkung im Bereich der Gemeinkosten (z. B. Personalkosten)
- Erlössteigerungen ggf. durch Umsatzausweitung (falls möglich)
- Schließen von unwirtschaftlichen Abteilungen (z. B. anhand von DB-Rechnung prüfen, ob die Bahnspedition aufrecht erhalten werden muss)
- Privateinlage tätigen (Erhöhung der Liquidität/des Eigenkapitals)
- Mitgesellschafter aufnehmen (zusätzliches Eigenkapital)
- usw.

3.08 Fallstudie zum Thema: Controlling

4.

4.1 Anlagenintensität

$$\textbf{Anlagenintensität: } \frac{\text{Anlagevermögen}}{\text{Gesamtvermögen}} \times 100$$

	3.280.000,00 €	Bebaute Grundstücke
+	560.000,00 €	Technische Anlagen
+	4.560.000,00 €	Fuhrpark
+	1.080.000,00 €	BGA
=	9.480.000,00 €	Anlagevermögen (AV)

$$\frac{\text{9.480.000,00 € Anlagevermögen}}{\text{13.310.000,00 € Gesamtvermögen}} \times 100 = 71{,}22\ \%$$

Fazit: Es ist eine hohe Fixkostenbelastung gegeben.

4.2 Forderungsintensität

$$\textbf{Forderungsintensität: } \frac{\text{Forderungen a. LL}}{\text{Gesamtvermögen}} \times 100$$

$$\frac{\text{1.940.000,00 € Forderungen a. LL}}{\text{13.310.000,00 € Gesamtvermögen}} \times 100 = 14{,}575\ \% \approx \underline{\underline{14{,}58\ \%}}$$

Fazit: Mehr als jeder 7. Euro des Vermögens ist einzugsbedingt (steht aus).

Fallstudie zum Thema: Controlling 3.08

4.3 Eigenkapitalquote

$$\textbf{Eigenkapitalquote:} \frac{\text{Eigenkapital}}{\text{Gesamtkapital}} \times 100$$

$$\frac{5.342.000{,}00\ \text{€ Eigenkapital}}{13.310.000{,}00\ \text{€ Gesamtkapital}} \times 100 = \underline{\underline{40{,}14\ \%}}$$

Fazit: Das Ergebnis genügt zwar nicht der 1 : 1- Regel, liegt aber über dem Durchschnitt der Eigenkapitalausstattung deutscher Unternehmen (ca. 15 – 35 %).

4.4 Anlagendeckungsgrade I und II

$$\textbf{Anlagendeckungsgrad I:} \frac{\text{Eigenkapital}}{\text{Anlagevermögen}} \times 100$$

$$\frac{5.342.000{,}00\ \text{€ Eigenkapital}}{9.480.000{,}00\ \text{€ Anlagevermögen}} \times 100 = \underline{\underline{56{,}35\ \%}}$$

Fazit: Das Anlagevermögen wird nur zur Hälfte durch das Eigenkapital gedeckt.

$$\textbf{Anlagendeckungsgrad II:} \frac{(\text{Eigenkapital} + \text{langfristiges FK})}{\text{Anlagevermögen}} \times 100$$

Die Rückstellungen betragen 395.000,00 € insgesamt, davon sind 70 % langfristig (siehe Erläuterungen in der Bilanz).

395.000,00 € Rückstellungen x 0,7 = 276.500,00 € langfristige Rückstellungen

	276.500,00 €	langfristige Rückstellungen
+	2.600.000,00 €	Hypothekendarlehen
+	1.410.000,00 e	Verbindlichkeiten a. LL
=	4.286.500,00 €	langfristiges Fremdkapital

$$\frac{5.342.000{,}00\ \text{€ EK} + 4.286.500{,}00\ \text{€ lfr. FK}}{9.480.000{,}00\ \text{€ Anlagevermögen}} \times 100 = 101{,}566\ \% \approx \underline{\underline{101{,}57\ \%}}$$

Fazit: Die Goldene Bilanzregel ist hiermit erfüllt.

3.08 Fallstudie zum Thema: Controlling

4.5 Liquiditäten 1. und 2. Grades

Liquidität 1. Grades: $\frac{\text{flüssige Mittel}}{\text{kfr. Verbindlichkeiten}} \times 100$

Die flüssigen Mittel **(auch liquiden Mittel)** sind die Kasse und die Bankguthaben, sowie in unserem Beispiel auch die Wertpapiere, da sie täglich fällig (also somit täglich verfügbar) sind.

	545.000,00 €	Kasse und Bankguthaben
+	965.000,00 €	Wertpapiere (täglich fällig)
=	1.510.000,00 €	flüssige Mittel

Zu den kurzfristigen Verbindlichkeiten gehören auch die anteiligen kurzfristigen Rückstellungen, also i. H. v. 30 %, da ja 70 % langfristige Rückstellungen waren (siehe Erläuterungen in der Bilanz und vgl. Aufgabe 4.4 zum Anlagendeckungsgrad II).

395.000,00 € Rückstellungen x 0,3 = 118.500,00 € kurzfristige Rückstellungen

Des Weiteren gehören zu den kurzfristigen Verbindlichkeiten auch die Verbindlichkeiten gegenüber Kreditinstituten, da sie aufgrund der Inanspruchnahme der 90-Tage-Kreditlinie (dem Kontokorrentkredit) entstanden sind.

	118.500,00 €	kurzfristige Rückstellungen
+	610.000,00 €	Verbindlichkeiten gegenüber Kreditinstituten
+	1.410.000,00 €	Verbindlichkeiten a. LL
+	650.000,00 €	Verbindlichkeiten gegenüber Finanzbehörden
+	785.000,00 €	Verbindlichkeiten gegenüber SV-Trägern
+	108.000,00 €	Umsatzsteuerzahllast
=	3.681.500,00 €	kurzfristige Verbindlichkeiten

$$\frac{1.510.000,00\text{ € flüssige Mittel}}{3.681.500,00\text{ € kfr. Verbindlichkeiten}} \times 100 = 41,015 \approx \underline{\underline{41,02\ \%}}$$

Fazit: Die Liquidität 1. Grades **(die Barliquidität)** liegt über dem Durchschnitt von ca. 20 – 30 %.

Fallstudie zum Thema: Controlling 3.08

$$\textbf{Liquidität 2. Grades: } \frac{\text{(flüssige Mittel + kfr. Forderungen)}}{\text{kfr. Verbindlichkeiten}} \times 100$$

Die kurzfristigen Forderungen sind in unserem Beispiel die Forderungen a. LL i. H. v. 1.940.000,00 €.

$$\frac{\text{(1.510.000,00 € flüssige Mittel + 1.940.000,00 € kfr. Forderungen)}}{\text{3.681.500,00 € kurzfristige Verbindlichkeiten}} \times 100 = \underline{\underline{93{,}71\ \%}}$$

Fazit: Bei der Liquidität 2. Grades (der einzugsbedingten Liquidität) wird die 100%ige Deckung (*) knapp verfehlt.

(*) Generell sollte bei der Liquidität 2. Grades beachtet werden, dass die durchschnittliche Forderung erst nach ca. 55 Tagen eingeht. Deshalb sollte in Speditionsbetrieben die einzugsbedingte Liquidität größer als 100 % sein.

4.6 Eigenkapitalrentabilität (Eigenkapitalrendite)

$$\textbf{Eigenkapitalrentabilität: } \frac{\text{Gewinn}}{\text{Eigenkapital}} \times 100$$

	5.342.000,00 € Eigenkapital am Jahresende (lt. Bilanz)
–	1.425.000,00 € Gewinn
=	3.917.000,00 € Eigenkapital am Jahresanfang

$$\frac{\text{1.425.000,00 € Gewinn}}{\text{3.917.000,00 € Eigenkapital}} \times 100 = 36{,}379\ \% \approx \underline{\underline{36{,}38\ \%}}$$

Fazit: Es wurde eine stattliche Rendite erzielt.

Anmerkung: Das durchschnittlich gebundene Eigenkapital ist hier mit dem Anfangsbestand identisch, da keine Eigenkapitalveränderungen während des Berichtsjahres stattfanden (siehe auch Erläuterungen zur Bilanz, im Berichtsjahr wurden weder Privatentnahmen noch -einlagen getätigt).

3.08 Fallstudie zum Thema: Controlling

4.7 Gesamtkapitalrentabilität (Gesamtkapitalrendite)

Gesamtkapitalrendite: $\frac{(\text{Gewinn} + \text{Fremdkapitalzinsen})}{\text{Gesamtkapital}} \times 100$

In unserem Beispiel wird nicht das in der Bilanz ausgewiesene Fremdkapital, sondern das durchschnittliche Fremdkapital von 7.000.000,00 € verwendet (siehe Aufgabenstellung). Beim Eigenkapital wird wieder das Eigenkapital am Jahresanfang zur Berechnung genommen (vgl. Aufgabe 4.6).

	3.917.000,00 €	Eigenkapital am Jahresanfang
+	7.000.000,00 €	durchschnittliches Fremdkapital
=	10.917.000,00 €	Gesamtkapital

$\frac{(1.425.000{,}00\text{ € Gewinn} + 51.000{,}00\text{ € FK-Zinsen})}{10.917.000{,}00\text{ € Gesamtkapital}} \times 100 = \underline{\underline{13{,}52\ \%}}$

Fazit: Es ist eine relativ hohe Ertragskraft des Gesamtkapitals gegeben.

4.8 Cashflow

Cashflow = Gewinn + Abschreibungen + Rückstellungen

= 1.425.000,00 € Gewinn + 966.000,00 € Abschreibungen = $\underline{\underline{2.391.000{,}00\text{ €}}}$

Anmerkung: Im Berichtsjahr 02 wurden keine (neuen) Rückstellungen gebildet

4.9 Cashflow-Umsatzverdienstrate

Cashflow-Umsatzverdienstrate: $\frac{\text{Cashflow}}{\text{Umsatzerlöse}} \times 100$

$\frac{2.391.000\text{ € Cashflow}}{17.935.000\text{ € Umsatzerlöse}} \times 100 = \underline{\underline{13{,}33\ \%}}$

Fazit: Im Berichtsjahr stehen dem Unternehmen 13,33 % der Umsatzerlöse als selbst erwirtschaftete Finanzierungsmittel frei zur Verfügung.

Fallstudie zum Thema: Controlling 3.08

5. Maßnahmen zur Liquiditätsverbesserung

- Den Rückfluss der Außenstände intensivieren (z. B. kurze Zahlungsziele, ggf. Factoring).
- Die nicht betriebsnotwendigen Anlagen (z. B. Reservegrundstücke, Fuhrparküberkapazitäten) liquidieren.
- Erhöhung der Kreditlinie (Kontokorrentkredit)

6. Beurteilung der Eigenkapitalrentabilität (unter Marktgegebenheiten)

Selbst dann, wenn man die ermittelte Eigenkapitalrentabilität (Eigenkapitalrendite) um den kalkulatorischen Unternehmerlohn und die Risikoprämie kürzt, bleibt eine ansehnliche Verzinsung übrig, die weit über einem Zinssatz von ca. 3 – 4 % für langfristige Anlagen liegt.

7. Break-even-Point

$$\textbf{Break-even-Point} = \frac{Kf}{p - k} = \frac{\text{Summe der Fixkosten}}{\text{Preis/km} - \text{variable Stückkosten}}$$

Kf = 84.800,00 €

kv = 0,96 €/km

Anmerkung: Um den Preis je km (p) zu ermitteln, müssen Sie zuerst die Selbstkosten inkl. des Gewinnaufschlages ermitteln und diesen dann durch die Kilometer teilen.

Berechnung des Preises je km:

0,96 €/km x 120 000 km = 115.200,00 € variable Kosten

84.800,00 € Fixkosten
+ 115.200,00 € variable Kosten
= 200.000,00 € Selbstkosten

200.000,00 € Selbstkosten x 1,05 Gewinnaufschlag = 210.000,00 €

$$p = \frac{210.000{,}00\ €}{120\ 000\ \text{km}} = 1{,}75\ €/\text{km (Preis je km)}$$

Berechnung des Break-even-Point (BEP):

$$BEP = \frac{Kf}{p - kv} = \frac{\text{Summe der Fixkosten}}{\text{Preis/km} - \text{variable Stückkosten}}$$

$$BEP = \frac{84.800{,}00\ €}{(1{,}75\ €/\text{km} - 0{,}96\ €/\text{km})} = 107\ 341{,}77\ \text{km} \approx \underline{\underline{107\ 342\ \text{km}}}$$

3.09 Aus dem bewegten Leben eines Nutzfahrzeugs
(Von der Anschaffung bis zum Ersatzzeitpunkt – Eine Fallbetrachtung)

	Vor der Anschaffung	1	**Wir erweitern unseren Fuhrpark.** Vor der Anschaffung
		1.1	**Bei welchem Händler wollen wir das Fahrzeug kaufen?** Angebotsvergleich
		1.2	**Gibt es andere Möglichkeiten den LKW zu finanzieren?** Finanzierungsalternativen
	Kauf	2	**Wir kaufen und bekommen eine Rechnung.** Anschaffung und Buchung der Eingangsrechnung
	Finanzierung	3	**Wir wollen beim Bezahlen sparen.** Ausgleich der Eingangsrechnung unter Skontoabzug
		4	**Wir machen Schulden, um früh zahlen zu können. Lohnt sich das?** Finanzierung des vorzeitigen Rechnungsausgleichs durch Inanspruchnahme eines Kontokorrentkredites
	Nutzung, Kosten und Erlöse	5	**Was kostet uns der Unterhalt des LKW?** Laufende Kosten
		6	**Wie gehen wir mit Wertminderungen um?** Bilanzmäßige Abschreibung
		7	**Wie ist das mit den Kosten und den Preisen?** Angebotskalkulation von Transportleistungen im Selbsteintritt
		7.1	**Wir kalkulieren.** Fahrzeugkostenkalkulation
		7.2	**Was kostet der Kilometer, was ein Einsatztag?** Berechnung der Selbstkosten anhand des Kilometer- und Tagessatzes
		7.3	**Was kosten 100 kg?** Berechnung der Selbstkosten anhand von Frachtsätzen je 100 kg
		7.4	**Wir erstellen eine Preistabelle.** Erstellen einer Preisliste – Kundensätze – auf der Basis von 100 kg-Sätzen
		7.5	**Wie viel Spielraum bleibt uns beim Preis?** Preisuntergrenzen und Deckungsbeitrag
		8	**Ab welchem Kilometer schreiben wir Gewinne?** Gewinnschwelle (Break-even-Point)
	Verkauf	9	**Wir verkaufen den LKW.** Inzahlungnahme des Nutzfahrzeugs am Ende der Nutzungsdauer

3.09 Aus dem bewegten Leben eines Nutzfahrzeugs

(Von der Anschaffung bis zum Ersatzzeitpunkt – Eine Fallbetrachtung)

1. Vor der Anschaffung

1.1 Angebotsvergleich

Das preisgünstigste Angebot (auf der Basis des Bareinkaufspreises) kommt von der NUFA GmbH aus Stolberg:

€					,	
6	0	4	0	7	2	0

Kalkulation:

Anbieter → **Angebotsinhalte ↓**	**Autohaus Wagner & Co. KG Aachen**	**NUFA GmbH Neu- und Gebraucht-fahrzeuge Stolberg**	**J. Schwartz e. K. Nutzfahrzeuge Eschweiler**
LKW Typ NVF (EEV) Händler-Listenpreis (HLP) netto	68.000,00 €	62.400,00 €	64.000,00 €
– Preisnachlässe	15 % Rabatt vom HLP (= 10.200,00 €)	10 % Rabatt vom HLP (= 6.240,00 €)	10 % Rabatt vom HLP (= 6.400,00 €)
= Nettopreis + Überführung zum Händler	57.800,00 € 400,00 €	56.160,00 € 600,00 €	57.600,00 € 680,00 € (inkl. Zulassung)
+ Sonderleistungen (Einbau einer Fahrerkabine, Lackierung Firmenlogo)	Festpreis 4.000,00 €	Festpreis 4.880,00 €	3.868,00 € Sitze, 245,00 € für die Lackierung
= Zieleinkaufspreis – Skonto	62.200,00 € 2,5 % (= 1.555,00 €)	61.640,00 € 2 % (= 1.232,80 €)	62.393,00 € 3 % (= 1.871,79 €)
= Bareinkaufspreis	60.645,00 €[1]	**60.407,20 €[1]**	60.521,21 €

[1] Die Bareinkaufspreise der beiden ersten Angebote enthalten keine Zulassungskosten.

3.09 Aus dem bewegten Leben eines Nutzfahrzeugs

(Von der Anschaffung bis zum Ersatzzeitpunkt – Eine Fallbetrachtung)

1.2 Finanzierungsalternativen

Werte in Euro

Kreditfinanzierung						Leasing
Jahr	Zinsen	Tilgung	Ausgabe (Liquiditäts-abfluss)	Abschreibung	Gesamt-aufwand (Zinsen und Abschreibung	Ausgabe = Aufwand
1	4.200	17.500	21.700	8.750	12.950	13.440
2	3.150	17.500	20.650	8.750	11.900	13.440
3	2.100	17.500	19.600	8.750	10.850	13.440
4	1.050	17.500	18.550	8.750	9.800	13.440
5				8.750	8.750	13.440
6				8.750	8.750	6.475
7				8.750	8.750	6.475
8				8.750	8.750	6.475
Summe	10.500	70.000	80.500	70.000	80.500	86.625

Erläuterungen zur Tabelle:

Kreditfinanzierung

- **Zinsen**

  Zinsberechnung im ersten Jahr: 70.000,00 € x 6 % = 4.200,00 €
  Zinsberechnung im zweiten Jahr: 52.500,00 € x 6 % = 3.150,00 €
  usw.

- **Tilgung**

  Bei einer Laufzeit von 4 Jahren beträgt die jährliche Tilgungsrate 25 %, das sind 17.500,00 €.

- **Liquiditätsabfluss**

  Zinsen + Tilgung belasten die Liquidität.

- **Abschreibung**

  Bei einer Nutzungsdauer von 8 Jahren und linearer Abschreibungsmethode verliert der LKW pro Jahr 8.750,00 € an Wert (70.000,00 € : 8 Jahre).

Aus dem bewegten Leben eines Nutzfahrzeugs 3.09

(Von der Anschaffung bis zum Ersatzzeitpunkt – Eine Fallbetrachtung)

- **Gesamtaufwand**

  Zinsen + Abschreibungen sind Aufwendungen, die den Gewinn mindern.

- **Leasing**

  Ausgabe = Aufwand

  Während der Grundmietzeit (die ersten 5 Jahre) beträgt die monatliche Leasingrate 1,6 % von 70.000,00 € = 1.120,00 €. Das sind im Jahr 13.440,00 €, die als ausgabewirksamer Aufwand den Gewinn und die Liquidität des Leasingnehmers mindern.

Hinweis:

Unterstellt wird, dass die Anschaffungskosten für das Leasingobjekt durch die Leasingraten voll amortisiert werden. Von einem möglichen Eigentumserwerb am Ende der Vertragsdauer wird abgesehen.

Fazit:

In der Gesamtbetrachtung ist das Leasing mit 86.625,00 € zwar teurer als die Kreditfinanzierung mit 80.500,00 €, dafür aber liegt die Liquiditätsbelastung bei der Kreditfinanzierung in den ersten vier Jahren erheblich über der des Leasings.

Ab dem fünften Jahr fließt nur noch beim Leasing Geld ab. Dieser Geldabfluss reduziert sich ab dem sechsten Jahr jedoch erheblich, da nur noch 9,25 % Jahresmiete, berechnet von den Anschaffungskosten, anfallen.

3.09 Aus dem bewegten Leben eines Nutzfahrzeugs

(Von der Anschaffung bis zum Ersatzzeitpunkt – Eine Fallbetrachtung)

2. Anschaffung und Buchen der Eingangsrechnung

2.1 Die Anschaffungskosten betragen 62.393,00 €.

€					,	
6	2	3	9	3	0	0

Die Entscheidung Aixners, das Fahrzeug bei J. Schwartz zu kaufen, ist nicht zuletzt wegen der guten Erfahrungen mit diesem Händler begründbar (siehe sonstige Informationen über den Anbieter beim Angebotsvergleich).

	Listenpreis des Händlers	64.000,00 €	
–	Rabatt 10 %	6.400,00 €	(Anschaffungspreisminderung)
+	Überführung u. Zulassung	680,00 €	
+	Einbau Fahrerkabine	3.868,00 €	(Anschaffungsnebenkosten)
+	Lackierung Firmenlogo	245,00 €	
=	Anschaffungskosten	62.393,00 €	

2.2 Buchung der Eingangsrechnung (ungebundene Aufgabe):

Konto-Nr.	€-Betrag im Soll	€-Betrag im Haben
0220	62.393,00	
4280	180,00	
1457	11.888,87	
1600		74.461,87

Erläuterungen:

Die Anschaffungsnebenkosten bilden zusammen mit dem rabattierten Nettopreis des Fahrzeugs die aktivierungspflichtigen Anschaffungskosten. Sie werden auf der Sollseite im Konto 0220 (Fuhrpark) als Bestandsmehrung gebucht.

Die mitgelieferte Tankfüllung ist ein Verbrauchsgut (laufende Kosten) und zählt demnach nicht mit zu den Anschaffungsnebenkosten. Ihr Wert wird auf der Sollseite des Aufwandskontos 4280 (Treibstoffverbrauch fremde Tankstellen) gebucht.

Die auf die Anschaffungskosten und die Tankfüllung entfallende Mehrwertsteuer wird als Vorsteuer (VSt) auf der Sollseite des Kontos 1457 erfasst.

Der Bruttorechnungsbetrag stellt eine Verbindlichkeit aus einer Lieferung dar, die auf der Habenseite des Kontos 1600 gebucht wird.

Aus dem bewegten Leben eines Nutzfahrzeugs 3.09

(Von der Anschaffung bis zum Ersatzzeitpunkt – Eine Fallbetrachtung)

3. Ausgleich der Eingangsrechnung unter Skontoabzug

3.1 Der Jahresskontosatz beträgt 54 %.

% | 5 | 4

	Zahlungsziel	30 Tage
–	Skontozeitraum	10 Tage
=	Kreditzeitraum	20 Tage

Für 20 Tage beträgt der Skontosatz 3 %,
für 360 Tage (eines Zinsjahres) ? %.

$$\frac{3 \text{ x } 360 \text{ Tage}}{20 \text{ Tage}} = \underline{\underline{54\ \%}}$$

3.2 Berechnung von Skontoertrag und Überweisungsbetrag:

	Rechnungsbetrag (brutto)	74.461,87 €	
–	Skonto 3 %	2.233,86 €	a)
=	Überweisungsbetrag	72.228,01 €	b)

a) € 2 2 3 3 , 8 6

b) € 7 2 2 2 8 , 0 1

3.3 Buchung des Rechnungsausgleichs (Nettomethode) (ungebundene Aufgabe):

Bei der Nettomethode wird der Skonto in den Nettobetrag (Skonto ohne USt.) und den Vorsteuerbetrag aufgespalten.

Konto-Nr.	€-Betrag im Soll	€-Betrag im Haben	
1600	74.461,87		100 % Rechnungsbetrag
1020		72.228,01	97 % Überweisungsbetrag
0220		1.871,79	3 % der Anschaffungskosten
4280		5,40	3 % der Tankfüllung
1457		356,67	3 % der Vorsteuer

Erläuterungen:

Vom Rechnungsbetrag (74.461,87 €) wurden 3 % Skonto (2.233,86 €) abgezogen.
Der Skonto ist eine Anschaffungspreisminderung, d. h., die SPEDAIX GmbH erhält die bezogenen Lieferungen und Leistungen 3 % preisgünstiger und muss nur 97 % der Rechnungssumme zahlen.
Dies führt zu einer Korrektur der gebuchten Beträge bei diesen Lieferungen und Leistungen (hier: Anschaffungskosten für den LKW sowie die Tankfüllung). Von diesen im Soll gebuchten Nettowerten werden demnach 3 % auf der Habenseite korrigiert.
Da die Nettowerte nun um 3 % verringert wurden, muss auch die Vorsteuer, die ja von diesen verringerten Nettowerten berechnet wird, um eben diese 3 % korrigiert werden.

3.09 Aus dem bewegten Leben eines Nutzfahrzeugs

(Von der Anschaffung bis zum Ersatzzeitpunkt – Eine Fallbetrachtung)

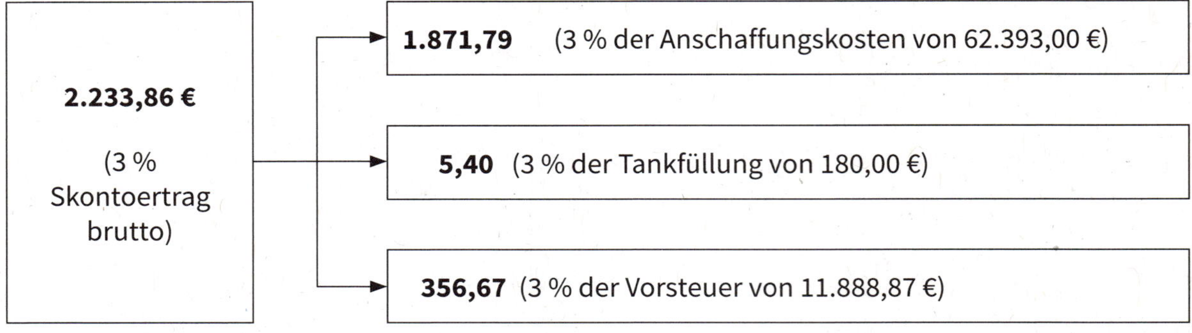

Fazit:

Die endgültigen Anschaffungskosten des LKW betragen nach Abzug des Skontos:

	Anschaffungskosten (vor Skonto):	62.393,00 €
–	3 % Skonto	1.871,79 €
=	Anschaffungskosten (nach Skonto):	**60.521,21 €**

Aus dem bewegten Leben eines Nutzfahrzeugs 3.09

(Von der Anschaffung bis zum Ersatzzeitpunkt – Eine Fallbetrachtung)

4. Finanzierung des vorzeitigen Rechnungsausgleichs durch Inanspruchnahme eines Kontokorrentkredites

4.1 Die Kreditkosten betragen 321,01 €.

€			,	
3	2	1	0	1

Mittels der einfachen Zinsformel können die anfallenden Kreditkosten ermittelt werden:

$$Z\ (\text{in €}) = \frac{K \times p \times t}{100 \times 360}$$

K = 72.228,01 € (Überweisungsbetrag)
p = 8 % (Kreditzins p. a.)
t = 20 Tage (Kreditzeitraum)
Z = ? (Kreditkosten)

$$Z\ (\text{in €}) = \frac{(72.228{,}01 \times 8 \times 20)}{(100 \times 360)} = 321{,}013\ldots \approx \underline{\underline{321{,}01\ €}}$$

> **Hinweis:**
> Nach 20 Tagen sollte der Kontokorrentkredit ausgeglichen werden, da ja auch spätestens zu diesem Zeitpunkt die Rechnung des Händlers hätte bezahlt werden müssen, um nicht in Zahlungsverzug zu geraten. Jeder weitere Tag, den der Kontokorrentkredit in Anspruch genommen würde, hätte eine Verringerung des Finanzierungserfolges zur Folge.

4.2 Der Finanzierungserfolg beträgt 1.912,85 €.

	€			,	
1	9	1	2	8	5

Der Finanzierungserfolg ergibt sich aus der Differenz zwischen dem Skontobetrag und den Kreditkosten:

Skontobetrag (brutto)	2.233,86 €	
– Kreditkosten	321,01 €	(Zinsen für 20 Kredittage)
= Finanzierungserfolg	1.912,85 €	

> **Hinweis:**
> Die Lösungen unterstellen eine reine Liquiditätsbetrachtung auf der Basis von Bruttobeträgen. Der Skontoertrag wurde mit 3 % vom Bruttorechnungsbetrag ermittelt, der die Mehrwertsteuer enthält. Sie ist (aus der Sicht der SPEDAIX GmbH) als Vorsteuer (VSt) zwar nur ein durchlaufender Posten, der spätestens zum 10. des Folgemonats mit der Umsatzsteuer zu verrechnen ist, stellt aber unter Liquiditätsgesichtspunkten zunächst einen Geldabfluss dar, wenn die Rechnung beglichen wird. Insofern ist die Vorsteuer mitzufinanzieren.

3.09 Aus dem bewegten Leben eines Nutzfahrzeugs

(Von der Anschaffung bis zum Ersatzzeitpunkt – Eine Fallbetrachtung)

4.3 Der Effektivzinssatz des Finanzierungserfolges beträgt 47,67 %.

%		,	
4	7	6	7

Der Effektivzinssatz kann mit der nach p umgestellten einfachen Zinsformel berechnet werden:

$$p\ (\text{in }\%) = \frac{Z \times 100 \times 360}{K \times t}$$

Z = 1.912,85 € (Finanzierungserfolg)
K = 72.228,01 € (zu finanzierender Betrag)
t = 20 Tage (Finanzierungszeitraum)

$$p\ (\text{in }\%) = \frac{(1.912{,}85\ € \times 100 \times 360)}{(72.228{,}01\ € \times 20)} = 47{,}670\ldots \approx \underline{\underline{47{,}67\ \%}}$$

Hinweis für Rechenkünstler:

Der Effektivzinssatz kann auch mittels folgender Formel berechnet werden:

$$p'\ (\text{in }\%) = \frac{(p1 - p2) \times 100 \times 360}{K\ (\text{in }\%) \times t}$$

p' = Effektivzinssatz
p1 = Skontosatz (in % für 20 Tage)
p2 = Kreditzeitzinssatz der Bank (Jahreskreditzins auf 20 Tage heruntergerechnet)

wobei gilt: $p2\ (\text{in }\%) = \frac{K\ (\text{in }\%) \times (\text{pro Jahr}) \times t}{100 \times 360}$

p (pro Jahr) = Jahreszinssatz der Bank

K (in %) = 97 (Rechnungsbetrag abzgl. 3 % Skonto = Überweisungsbetrag)
t = Kreditzeitraum von 20 Tagen

Setzt man die p2-Formel in die p'-Formel ein, ergibt sich folgende Berechnung:

$$p'\ (\text{in }\%) = \frac{\dfrac{3 - (97 \times 8 \times 20)}{100 \times 360} \times 100 \times 360}{97 \times 20}$$

$$= \frac{(3 - 0{,}431) \times 100 \times 360}{97 \times 20}$$

$$= 47{,}670\ldots \approx \underline{\underline{47{,}67\ \%}}$$

Aus dem bewegten Leben eines Nutzfahrzeugs 3.09

(Von der Anschaffung bis zum Ersatzzeitpunkt – Eine Fallbetrachtung)

4.4 Der Effektivzinssatz bei ausschließlicher Eigenfinanzierung beträgt 55,67 %.

% ,
5 5 | 6 7

Könnte der Überweisungsbetrag an den Händler ausschließlich mit eigenen frei verfügbaren liquiden Mitteln erfolgen, wären Skontoertrag und Finanzierungserfolg identisch:

$$p\ (\text{in}\ \%) = \frac{(2.233{,}86\ € \times 100 \times 360)}{(72.228{,}01\ € \times 20)} = 55{,}670\ldots \approx \underline{\underline{55{,}67\ \%}}$$

oder (vereinfacht – siehe Hinweis für Rechenkünstler):

$$p\ (\text{in}\ \%) = \frac{(3 \times 100 \times 360)}{(97 \times 20)} = \underline{\underline{55{,}67\ \%}}$$

4.5 Bei einer Laufzeit des Kontokorrentkredits von ca. 139 Tagen wäre der Finanzierungserfolg gleich Null.

In diesem Fall würde der Skontoertrag vollständig durch die Kreditkosten aufgezehrt.

Die Laufzeit, an deren Ende dies der Fall wäre, lässt sich durch Umstellung der einfachen Zinsformel nach t errechnen:

$$t\ (\text{in Tagen}) = \frac{Z \times 100 \times 360}{K \times p}$$

Z = 2.233,86 € (Skontoertrag = Kreditkosten)

K = 72.228,01 €

p = 8 %

t = ?

$$t\ (\text{in Tagen}) = \frac{(2.233{,}86\ € \times 100 \times 360)}{(72.228{,}01\ € \times 8)} = 139{,}175\ldots \approx \underline{\underline{139\ \text{Tage}}}$$

oder (vereinfacht – siehe Hinweis für Rechenkünstler):

$$t\ (\text{in Tagen}) = \frac{(3 \times 100 \times 360)}{(97 \times 8)} = 139{,}175\ldots \approx \underline{\underline{139\ \text{Tage}}}$$

3.09 Aus dem bewegten Leben eines Nutzfahrzeugs

(Von der Anschaffung bis zum Ersatzzeitpunkt – Eine Fallbetrachtung)

5. Laufende Kosten (ungebundene Aufgabe)

Buchung Fall 1:

Konto-Nr.	€-Betrag im Soll	€-Betrag im Haben
4200	120,00	
3000		120,00

betriebsinterne Verbrauchsbuchung (umsatzsteuerfrei)

Buchung Fall 2:

Konto-Nr.	€-Betrag im Soll	€-Betrag im Haben
4210	1.320,00	
3010		1.320,00

betriebsinterne Verbrauchsbuchung (umsatzsteuerfrei)

Buchung Fall 3:

Konto-Nr.	€-Betrag im Soll	€-Betrag im Haben
4280	182,84	
1457	34,74	
1000		217,58

betriebsexterne Verbrauchsbuchung (umsatzsteuerpflichtig)

Buchung Fall 4:

Konto-Nr.	€-Betrag im Soll	€-Betrag im Haben
4240	4.240,00	
4250	489,60	
1020		4.729,60

Versicherungskosten (einschl. Versicherungssteuer, die nicht gesondert gebucht wird) sowie Kostensteuer

Buchung Fall 5:

Konto-Nr.	€-Betrag im Soll	€-Betrag im Haben
4220	922,40	
3020		922,40

betriebsinterne Verbrauchsbuchung (umsatzsteuerfrei)

Hinweis zu den Fällen 1, 2 und 5: Die anteilige Mehrwertsteuer (hier: Vorsteuer) für die dem Vorratslager entnommenen Verbrauchsgüter (Kraftstoffe, Reifen und Reparaturmaterial) wurde bei der Vorratsanschaffung gebucht.

Aus dem bewegten Leben eines Nutzfahrzeugs 3.09

(Von der Anschaffung bis zum Ersatzzeitpunkt – Eine Fallbetrachtung)

6. Angebotskalkulation von Transportleistungen im Selbsteintritt

6.1 Fahrzeugkostenkalkulation

Um die Kosten pro km bzw. pro Tag zu berechnen, wird der ermittelte Wert in der dritten Spalte durch 80 000 km bzw. 240 Tage dividiert, wobei zu beachten ist, dass die Kosten je km in Euro-Cent (ct) anzugeben sind.

Zeile Sp. 1	variable Fahrzeugkosten Sp. 2	€ pro Jahr Sp. 3	ct. pro km Sp. 4	€ pro Tag Sp. 5
32	Abschreibung (Abnutzung)	4.050,00	5,06	16,88
33	Reifenkosten	1.536,00	1,92	6,40
34	Kraftstoffkosten	10.696,00	13,37	44,57
35	Schmierstoffkosten	320,88	0,40	1,34
36	Reparatur- und Wartungskosten	3.480,00	4,35	14,50
37	km-abhängige Kosten	20.082,88	25,10	83,69

Zeile	fixe Fahrzeugkosten	€ pro Jahr	ct pro km	€ pro Tag
38	Abschreibung (zeitabhängig)	4.050,00	5,06	16,88
39	Kapitalverzinsung	2.454,11	3,07	10,23
40	Kraftfahrzeugsteuer	489,60	0,61	2,04
41	Haftpflichtversicherung	2.900,00	3,63	12,08
42	Kaskoversicherung	268,00	0,34	1,12
43	Garage	1.200,00	1,50	5.00
44	Fixe Fahrzeugkosten	11.361,71	14,21	47,34

Zeile	Fahrpersonalkosten	€ pro Jahr	ct pro km	€ pro Tag
45	Fahrerlohn	22.400,00	28,00	93,33
46	gesetzlicher Sozialaufwand	4.870,00	6,09	20,29
47	freiwillige Sozialleistungen	1.600,00	2,00	6,67
48	Personalfaktor	34.644,00	43,31	144,35
49	Spesen	1.800,00	2,25	7,50
50	Fahrpersonalkosten	36.444,00	45,56	151,85

51	Fahrzeugeinsatzkosten	67.888,59	84,86	282,87
52	Verwaltungskosten	9.504,40	11,88	39,60
53	Zeitabhängige (fixe) Kosten	57.310,11	71,64	238,79
54	Fahrzeugkosten (insgesamt)	77.392,99	96,74	322,47

Sp. = Spalte

3.09 Aus dem bewegten Leben eines Nutzfahrzeugs

(Von der Anschaffung bis zum Ersatzzeitpunkt – Eine Fallbetrachtung)

Auswertung der Kostenrechnung

Zeile Sp. 1	Sp. 2	€/Jahr Sp. 3	€/km Sp. 4	€/Tag Sp. 5	in Prozent Sp. 6
55	km-abhängige Kosten	20.082,88	**0,25**		25,95
56	Fixe Fahrzeugkosten	11.361,71		47,34	14,68
57	Fahrpersonalkosten	36.444,00		151,85	47,09
58	Fahrzeugeinsatzkosten	67.888,59			
59	Gemeinkosten (Verwaltungskosten)	9.504,40		39,60	12,28
60	Zeitabhängige (fixe) Kosten	57.310,11		**238,79**	
61	Fahrzeugkosten (insgesamt)	77.392,99	0,97		100,00

Sp. = Spalte

Erläuterungen:

<table>
<tr><th>Zeile</th><th>Position</th></tr>
<tr><td>32</td><td>Abschreibung
Die Berechnungsgrundlage ist die Differenz zwischen dem geschätzten Wiederbeschaffungswert (ohne Reifen) und dem Restverkaufserlös (am Ende der Nutzungsdauer):
86.000,00 € – 5.000,00 € = 81.000,00 €
Bei einer Gesamtlaufleistung von 800 000 km und einer Jahreslaufleistung von 80 000 km beträgt die Nutzungsdauer 10 Jahre.
81.000,00 € : 10 Jahre = 8.100,00 € Jahresabschreibung
Die Abschreibung wird hier aufgeteilt in 50 % Abnutzung (variabler Teil) und 50 % Entwertung durch technischen Fortschritt (fixer Teil):
8.100,00 € x 0,5 = 4.050,00 € Abschreibung (Abnutzung)
8.100,00 € x 0,5 = 4.050,00 € Abschreibung (zeitabhängig)</td></tr>
<tr><td>33</td><td>Reifenkosten
Die Reifenkosten sind auf ein Jahr zu beziehen, d. h., sie fallen hier niedriger aus als ihr Anschaffungswert, da die Jahreslaufleistung des LKW hinter der der Reifenlaufleistung zurückbleibt:
$\text{Reifenkosten pro Jahr} = \frac{\text{Preis der Reifen x Jahreslaufleistung}}{\text{Reifenlaufleistung}}$
$= \frac{1.920{,}00\ € \times 80\,000\ \text{km}}{100\,000\ \text{km}}$
$= \underline{\underline{1.536{,}00\ €}}$</td></tr>
</table>

Aus dem bewegten Leben eines Nutzfahrzeugs 3.09

(Von der Anschaffung bis zum Ersatzzeitpunkt – Eine Fallbetrachtung)

34	**Kraftstoffkosten** $= \frac{\text{Verbrauch in Litern je 100 km x Preis je Liter x Jahreslaufleistung}}{100}$ $= \frac{(14\ l/100\ km \times 0{,}955\ €/l \times 80\,000\ km)}{100}$ = 10.696,00 € pro Jahr
35	**Schmierstoffkosten** 3 % der Schmierstoffkosten i. H. v. 10.696,00 €, somit 10.696,00 € x 0,03 = 320,88 €

Zeile	Position
39	**Kapitalverzinsung** Um eine gleichmäßige Zinsbelastung während der Nutzungsdauer zu erreichen, werden die Zinsen für das im Anlagegut gebundene Kapital von der Hälfte der Anschaffungskosten zzgl. dem durchschnittlichen Umlaufvermögen berechnet. Das durchschnittliche Umlaufvermögen können Sie den Daten (Zeile 17) entnehmen. Der Wert beträgt 500.00 € je t des zGG und muss somit mit dem zGG des LKW i. H. v. 14,990 t (siehe Daten, Zeile 1) multipliziert werden. Die so in den ersten Nutzungsjahren entgangenen Zinsen werden in den späteren Nutzungsjahren ausgeglichen: $\frac{\text{Anschaffungskosten}}{2}$ + Umlaufvermögen x t zGG = betriebsnotwendiges Kapital $\frac{60.521{,}21\ €}{2}$ + 500,00 €/t zGG x 14,990 t zGG = 37.755,61 € betriebsnot. Kapital 6,5 % des betriebsnotwendigen Kapitals i. H. v. 37.755,61 €, somit 37.755,61 € x 0,065 = 2.454,11 €

3.09 Aus dem bewegten Leben eines Nutzfahrzeugs

(Von der Anschaffung bis zum Ersatzzeitpunkt – Eine Fallbetrachtung)

Zeile	Position
42	**Kaskoversicherung** Die nur in den ersten beiden Jahren anfallenden Kaskoversicherungsprämien müssen auf die 10 Nutzungsjahre umgelegt werden: $\frac{1.340{,}00\text{ €/Jahr x 2 Jahre}}{10\text{ Nutzungsjahre}} = \underline{\underline{268{,}00\text{ €}}}$
48	**Personalfaktor** Durch Urlaubsvertretungen, Krankheitsausfälle etc. sowie Fahrten mit zwei Fahrern für bestimmte Zeiten ergibt sich ein statistischer Wert für die durchschnittliche Besetzung des Fahrzeugs mit Fahrern (hier: 1,2). Der Faktor von 1,2 besagt demnach, dass die Personalkosten durch den zusätzlichen Einsatz eines zweiten Fahrers um 20 % erhöht anfallen. Der Fahrerlohn (Zeile 45), der gesetzliche Sozialaufwand (Zeile 46) und die freiwilligen Sozialleistungen (Zeile 47) werden addiert und mit 1,2 multipliziert.
49	**Spesen** Hierbei handelt es sich um einen Zuschuss für Aufwendungen, die der Fahrzeugbesatzung unterwegs entstehen (können).

Aus dem bewegten Leben eines Nutzfahrzeugs 3.09

(Von der Anschaffung bis zum Ersatzzeitpunkt – Eine Fallbetrachtung)

Zeile	Position
51	**Fahrzeugeinsatzkosten** km-abhängige Kosten (Zeile 37) + fixe Fahrzeugkosten (Zeile 44) + Fahrpersonalkosten (Zeile 50) = Fahrzeugeinsatzkosten (Zeile 51)
52	**Verwaltungskosten** Es sind die auf das Fahrzeug umzulegenden Gemeinkosten, die bei der Verwaltung und Disposition des Fuhrparks entstehen. Der aus der Betriebsabrechnung (in der Kostenstellenrechnung) abgeleitete Zuschlagssatz wird von den Fahrzeugeinsatzkosten berechnet: 14 % der Fahrzeugeinsatzkosten i. H. v. 67.888,59 €, somit 67.888,59 € x 0,14 = 9.504,40 €
53	**Zeitabhängige (fixe) Kosten** fixe Fahrzeugkosten (Zeile 44) + Fahrpersonalkosten (Zeile 50) + Verwaltungskosten (Zeile 52) = zeitabhängige (fixe) Kosten
54	**Fahrzeugkosten (insgesamt)** km-abhängige Kosten (Zeile 37) + fixe Fahrzeugkosten (Zeile 44) + Fahrpersonalkosten (Zeile 50) + Verwaltungskosten (Zeile 52) = Fahrzeugkosten (insgesamt) **oder:** Fahrzeugeinsatzkosten (Zeile 51) + Verwaltungskosten (Zeile 52) = Fahrzeugkosten (insgesamt)

3.09 Aus dem bewegten Leben eines Nutzfahrzeugs

(Von der Anschaffung bis zum Ersatzzeitpunkt – Eine Fallbetrachtung)

6.2 Berechnung der Selbstkosten anhand des Kilometer- und Tagessatzes

Die Selbstkosten für den Rundlauf betragen 170,32 €.

€			,	
1	7	0	3	2

Folgende Werte der Auswertungstabelle dienen der Selbstkostenberechnung:

20.082,88 € km-abhängige Kosten (Zeile 55/Sp. 3)

57.310,11 € zeitabhängige (fixe) Kosten (Zeile 60/Sp. 3)

Die Jahreslaufleistung des LKW und die Einsatztage pro Jahr sowie die tägliche Einsatzzeit können Sie den technischen Daten/Einsatzdaten (siehe Aufgabenteil) entnehmen.

Berechnung des Tages- und Kilometersatzes:

(siehe auch Tabellenergebnise der Aufgabe 6.1, Zeile 37 Spalte 4 und Zeile 53 Spalte 5)

57.310,11 € zeitabhängige (fixe) Kosten/Jahr : 240 Einsatztage/Jahr = 238,79 €/Tag

20.082,88 € km-abhängige Kosten : 80 000 km/Jahr = 0,25 €/km

Berechnung der Selbstkosten des Rundlaufs:

Der LKW benötigt 4,5 Std. für den Rundlauf von 8 Std. pro Einsatztag, somit

238,79 €/Tag zeitabhängige (fixe) Kosten x (4,5 Std. : 8 Std.) = 134,32 €

Der LKW legt 144 km bei dem Rundlauf zurück, somit

0,25 €/km km-abhängige Kosten x 144 km = 36,00 €

	134,32 €	zeitabhängige (fixe) Kosten
+	36,00 €	km-abhängige Kosten
=	170,32 €	Selbstkosten

Aus dem bewegten Leben eines Nutzfahrzeugs 3.09

(Von der Anschaffung bis zum Ersatzzeitpunkt – Eine Fallbetrachtung)

6.3 Berechnung der Selbstkosten anhand von Frachtsätzen je 100 kg

Hinweis: Aus Gründen der Übersichtlichkeit wurde auf 3 Nachkommastellen gerundet. Die Anzahl der Nachkommastellen bestimmt die rechnerische Genauigkeit und somit kommt es zu Rundungsdifferenzen.

Auftrag 1 (Aachen – Maastricht; 2,8 t; 51 km; 2 Std.)

Selbstkostentarife	**Frachtsätze je 100 kg bei 51 km Entfernung**	
	bei 2 800 kg	bei 7 000 kg (Vollauslastung)
Zeitabhängige Kosten bei 2-stündiger Einsatzzeit: $\frac{238{,}79\ € \times 2\ Std.}{8\ Std.} = 59{,}698\ €$	$\frac{59{,}698\ € \times 100\ kg}{2\,800\ kg} =$ **2,132 €**	0,853 €
Variable Fahrzeugkosten bei 51 km: **51 km x 0,25 = 12,75 €**	$\frac{12{,}75\ € \times 100\ kg}{2\,800\ kg} =$ **0,455 €**	0,182 €
Gesamte Fahrzeugkosten bei Auftrag 1: a) 72,448 €	**2,587 €** b)	1,035 €

Auftrag 2 (Lüttich – Aachen; 1,7 t; 59 km; 2 Std.)

Selbstkostentarife	**Frachtsätze je 100 kg bei 59 km Entfernung**	
	bei 1 700 kg	bei 7 000 kg (Vollauslastung)
Zeitabhängige Kosten bei 2-stündiger Einsatzzeit: $\frac{238{,}79\ € \times 2\ Std.}{8\ Std.} = 59{,}698\ €$	$\frac{59{,}698\ € \times 100\ kg}{1\,700\ kg} =$ **3,512 €**	0,853 €
Variable Fahrzeugkosten bei 59 km: **59 x 0,25 € = 14,75 €**	$\frac{14{,}75\ € \times 100\ kg}{1\,700\ kg} =$ **0,868 €**	0,211 €
Gesamte Fahrzeugkosten bei Auftrag 2: a) **74,448 €**	**4,380 €** b)	1,064 €

Addiert man die Leerfahrtkosten zu den gesamten Fahrzeugkosten beider Aufträge, erhält man wieder die Selbstkosten des gesamten Rundlaufs:

	Gesamte Fahrzeugkosten Auftrag 1:	72,448 €
+	Gesamte Fahrzeugkosten Auftrag 2:	74,448 €
+	Leerfahrtkosten:	23,424 €
=	Selbstkosten des Rundlaufs:	170,320 €

3.09 Aus dem bewegten Leben eines Nutzfahrzeugs

(Von der Anschaffung bis zum Ersatzzeitpunkt – Eine Fallbetrachtung)

6.4 Erstellen einer Preistabelle (Kundensätze) auf der Basis von 100 kg-Sätzen

Preisliste B		**Frachtsätze je 100 kg** (in €) bei einer Beförderungsmenge bis zu …				
Entfernungen in km bis …		3 000 kg	4 000 kg	5 000 kg	6 000 kg	7 000 kg
⅜ Tagessatz	50	3,57[1]	2,68	2,14	1,79	1,53[2]
	100	4,01	3,01	2,41	2,00	1,72
½ Tagessatz	150	5,49	4,12	3,29	2,75	2,35
⅝ Tagessatz	200	6,97	5,23	4,18**	3,49	2,99
6/8 Tagessatz	250	8,46	6,34	5,07	4,23	3,62
⅞ Tagessatz	300	9,94	7,45	5,96	4,97	4,26
8/8 Tagessatz	350	11,42[3]	8,57	6,85	5,71	4,89*

Erläuterungen:

Die Einsatzzeit steht in Abhängigkeit von Be- und Entlade- sowie Fahrzeiten. Im Nahverkehr liegt die durchschnittliche Fahrgeschwindigkeit zwischen 50 km/h und 60 km/h. Die Be- und Entladezeit wird mit je ½ Std. veranschlagt.

1

	Fixe Kosten:	⅜ von 238,79 €/Tag =	89,546 €
+	Variable Kosten:	50 km x 0,25 €/km =	12,500 €
=	Gesamte Fahrzeugkosten		102,046 €
+	Gewinnzuschlag 5 %		5,102 €
=	Nettopreis		107,148 €

Der ermittelte Nettopreis ist gleichzeitig der Tabellenwert:

$$\text{Frachtsatz je 100 kg} = \frac{107{,}148\ € \times 100\ \text{kg}}{3\,000\ \text{kg}} = 3{,}571\ € \approx \underline{\underline{3{,}57\ €}}$$

Aus dem bewegten Leben eines Nutzfahrzeugs 3.09

(Von der Anschaffung bis zum Ersatzzeitpunkt – Eine Fallbetrachtung)

2

Die fixen und variablen Kosten zzgl. des Gewinzuschlags betragen wie beim ersten Tabellenwert 107,148 €.

$$\text{Frachtsatz je 100 kg} = \frac{107{,}148\ € \times 100\ \text{kg}}{7\,000\ \text{kg}} = 1{,}530\ € \approx \underline{\underline{1{,}53\ €}}$$

3

	Fixe Kosten:	voller Tagessatz	=	238,79 €
+	Variable Kosten:	350 km x 0,25 €/km	=	87,50 €
=	Gesamte Fahrzeugkosten			326,29 €
+	Gewinnzuschlag 5 %			16,315 €
=	Nettopreis			342,605 €

$$\text{Frachtsatz je 100 kg} = \frac{342{,}605\ € \times 100\ \text{kg}}{3\,000\ \text{kg}} = 11{,}420\ € \approx \underline{\underline{11{,}42\ €}}$$

*****

Die fixen und variablen Kosten zzgl. des Gewinzuschlags betragen wie beim vorigen Wert 342,605 €.

$$\text{Frachtsatz je 100 kg} = \frac{342{,}605\ € \times 100\ \text{kg}}{7\,000\ \text{kg}} = 4{,}894\ € \approx \underline{\underline{4{,}89\ €}}$$

******

	Fixe Kosten:	⅝ von 238,79 €/Tag	=	149,244 €
+	Variable Kosten:	200 km à 0,25 €/km	=	50,00 €
=	Gesamte Fahrzeugkosten			199,244 €
+	Gewinnzuschlag 5 %			9,962 €
=	Nettopreis			209,206 €

$$\text{Frachtsatz je 100 kg} = \frac{209{,}206\ € \times 100\ \text{kg}}{5\,000\ \text{kg}} = 4{,}184\ € \approx \underline{\underline{4{,}18\ €}}$$

Hinweis:

Je mehr Gewichts- und Entfernungsstufen man wählt, desto genauer und verursachungsgerechter werden die 100 kg-Frachtsätze.

3.09 Aus dem bewegten Leben eines Nutzfahrzeugs

(Von der Anschaffung bis zum Ersatzzeitpunkt – Eine Fallbetrachtung)

6.5 Preisuntergrenzen und Deckungsbeitrag

€ 38,50

a) **Die kurzfristige Preisuntergrenze liegt bei 38,50 €.**

Die kurzfristige Preisuntergrenze soll sicherstellen, dass zumindest die Kosten erwirtschaftet werden, die mit der Ausführung des Auftrages anfallen, also die variablen Kosten:

154 km x 0,25 €/km variable Kosten = 38,50 €

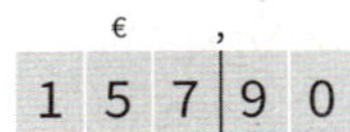

b) **Die langfristige Preisuntergrenze liegt bei 157,90 €.**

Die langfristige Preisuntergrenze soll sicherstellen, dass alle Fahrzeugkosten, also die variablen und die fixen, gedeckt werden:

Fixe Kosten: $\frac{\text{(238,79 €/Tag x 4 Std. Einsatzzeit)}}{\text{8 Std. tägliche Einsatzzeit}}$ = 119,40 €

119,40 € Fixe Kosten + 38,50 € Variable Kosten = 157,90 € Selbstkosten

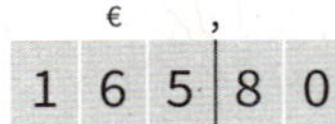

c) **Der Angebotspreis (netto) liegt bei 165,80 €.**

Der Gewinn wird den Selbstkosten zugeschlagen.

	Selbstkosten	157,90 €
+	Gewinn 5 %	7,90 €
=	Angebotspreis (netto)	165,80 €

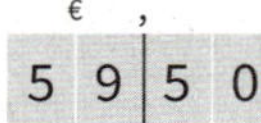

d) **Der Deckungsbeitrag beträgt 59,50 €.**

Liegt der Angebotspreis unter der langfristigen Preisuntergrenze, sollte der Auftrag zumindest einen positiven Deckungsbeitrag erwirtschaften, der dazu beiträgt, die Fixkosten anteilig zu decken:

	Angebotspreis (netto)	98,00 €
–	variable Kosten	38,50 €
=	Deckungsbeitrag	59,50 €

Eine mehrstufige Deckungsbeitragsrechnung bei der Auftragskalkulation ermöglicht eine erweiterte Kontrolle und Einflussnahme auf einzelne Bereiche der fixen Kosten.

Aus dem bewegten Leben eines Nutzfahrzeugs 3.09

(Von der Anschaffung bis zum Ersatzzeitpunkt – Eine Fallbetrachtung)

e) **Der Angebotspreis gemäß der Preisliste B läge bei 167,36 €.**

€			,	
1	6	7	3	6

Die fixen Kosten werden nach dem 5/8 Tagessatz berechnet, da die Entfernung „bis 200 km" nach der Entfernungsstaffelung für den Tagessatz gilt:

$$\frac{(238{,}79\ €/\text{Tag} \times 5\ \text{Std. Einsatzzeit})}{8\ \text{Std. tägliche Einsatzzeit}} = 149{,}244\ €$$

Fixe Kosten	149,244 €
+ Variable Kosten: zwar 154 km, aber bis 200 km x 0,25 €/km	50,00 €
= Gesamte Fahrzeugkosten	199,244 €
+ Gewinnzuschlag 5 %	9,962 €
= Nettopreis	209,206 €

$$\text{Frachtsatz je 100 kg} = \frac{(209{,}206\ €\ \text{Nettopreis} \times 100\ \text{kg})}{4\,000\ \text{kg}^{1}} = 5{,}230\ldots = 5{,}23\ €$$

$$\text{Angebotspreis bei 3 200 kg} = \frac{(5{,}23\ € \times 3\,200\ \text{kg})}{100\ \text{kg}} = \underline{\underline{167{,}36\ €}}$$

[1] **Es sind zwar nur 3,2 t (3 200 kg), die Preistabelle differenziert aber nur zwischen „bis zu 3 000 kg" und „bis zu 4 000 kg".**

Notizen